THÈSE

POUR LE DOCTORAT

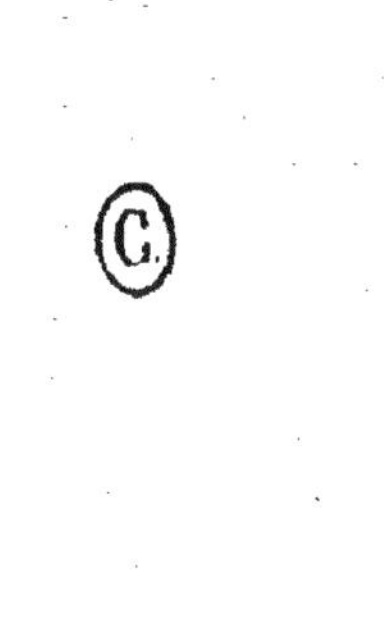

FACULTÉ DE DROIT DE PARIS.

DROIT ROMAIN :

DE LA SOCIÉTÉ ALICUJUS NEGOTIATIONIS VEL REI

(Dig. *Pro socio*, lib. XVII, tit. 2).

DROIT FRANÇAIS :

DES ASSOCIATIONS COMMERCIALES EN PARTICIPATION

(Art. 47 à 50 du Code de commerce).

THÈSE POUR LE DOCTORAT

PAR

Charles-François SAGLIER

Né à Châtillon-sur-Seine (Côte-d'Or),
le 6 août 1815.

L'acte public sur les matières ci-après sera soutenu
Le mardi 18 août 1868, à 11 heures.

Président : M. LABBÉ, professeur.

SUFFRAGANTS :
MM. COLMET DAAGE, doyen de la Faculté,
DEMANGEAT,
RATAUD,
Professeurs.
BEUDANT,
Agrégé.

Le Candidat répondra en outre aux questions qui lui seront faites
sur les autres matières de l'enseignement.

VERSAILLES

IMPRIMERIE DE BEAU JEUNE,

Rue de l'Orangerie, 36.

1868

DROIT ROMAIN.

DE LA SOCIÉTÉ ALICUJUS NEGOTIATIONIS VEL REI

(Dig., *Pro socio*, liv. XVII, tit. 2).

Le commerce n'avait acquis à Rome ni l'importance, ni la considération qu'on lui accorde aujourd'hui ; les sociétés par actions étaient ignorées, et l'on ne rencontrait guère que dans les sociétés de publicains, fermiers des impôts publics, les éléments de la commandite du droit moderne, avec des gérants et des bailleurs de fonds (loi 59, pr. *pro socio* Dig.).

La nature du contrat de société est de faire de toutes les parties associées une seule et même personne ; cependant en droit romain, la société ne constituait pas en général un être moral ; c'était un pur contrat créant des rapports d'obligation, de communauté, même de fraternité entre les individus qui l'avaient formé, mais rien de plus. Il n'y avait ni siége, ni patrimoine, ni signature, ni raison sociale ; on parle, il est vrai, quelquefois, dans les textes, des dettes sociales et de l'actif social ; c'est seulement une façon d'exprimer qu'il s'agit des intérêts communs.

Une personne morale naît de la loi, et ne peut exister que par la volonté du législateur, des particuliers ne peuvent pas la faire résulter d'une association intervenue entre eux. Gaïus expose cette doctrine dans la loi 1, pr. Dig. *Quod cujuscumque universitatis nomine agatur.* Certaines sociétés privées avaient été érigées en personnes morales par des lois, des sénatus-consultes ou des constitutions impériales : telles étaient les sociétés vectigaliennes, et celles qui avaient pour but l'exploitation des salines, des mines d'or ou d'argent. Elles étaient organisées comme des cités, elles avaient une caisse sociale, un patrimoine propre, un représentant ou syndic chargé de la gestion. Cette organisation était exceptionnelle et très-rare.

Les sociétés *alicujus negotiationis vel unius rei* étaient assez fréquentes à Rome, et correspondaient exactement aux sociétés particulières du droit français. Toutefois, elles ne se révélaient pas au public, leur création n'était pas accompagnée de publication, aucune solennité n'était requise pour la convention qui leur donnait naissance, aucune publicité n'annonçait leur existence, elles n'avaient pas le caractère de personnes civiles ; sous ces différents rapports, elles étaient en quelque sorte l'équivalent de ce que notre législation a organisé sous le nom d'associations commerciales en participation.

— 4 —

I

RÈGLES GÉNÉRALES.

On distinguait à Rome cinq espèces de sociétés.

1° La société *universorum bonorum*, qui comprend tous les biens présents et futurs de chaque associé ;

2° La société *universorum quæ ex quæstu veniunt*, elle se compose de tout ce que les associés acquièrent par leur travail et leur industrie, à l'exclusion de tout ce qui leur advient par succession, legs ou donation ;

3° La société *alicujus negotiationis* qui a pour objet une entreprise particulière ou un commerce déterminé ;

4° La société *unius rei*, dans laquelle les parties mettent en commun une ou plusieurs choses pour les exploiter ensemble ;

5° Enfin la société *vectigalium*, formée par des capitalistes qui se portaient ensemble adjudicataires de la ferme des impôts.

Les sociétés *alicujus negotiationis et unius rei*, moins fréquentes à Rome que de nos jours, étaient le véritable type de nos sociétés particulières modernes. C'est exclusivement à l'étude de cette espèce d'association que nous avons résolu de nous livrer, mais la plus grande partie des lois romaines concernant les sociétés s'appliquent à notre sujet, celles que nous aurons à éliminer de notre examen sont relativement peu nombreuses, et nous devrons envisager l'ensemble des principes posés au titre *Pro socio* des Pandectes de Justinien.

II

DES ÉLÉMENTS DE LA SOCIÉTÉ.

La société est un contrat consensuel, de bonne foi, par lequel deux ou plusieurs personnes s'engagent à mettre certaines choses en commun, dans le but de partager le bénéfice licite qui pourra résulter de leur exploitation.

Quatre éléments sont essentiels à la formation du contrat de société : 1° le consentement des parties contractantes ; — 2° la bonne foi ; — 3° la réalisation d'un apport réciproque ; — 4° l'espoir de partager des bénéfices.

Consentement. — La société était, en droit romain, un des contrats qui se formaient *solo consensu* ; les parties pouvaient manifester sans aucune solennité leur volonté de s'associer, et tirer de tous faits quelconques la preuve de leur convention. Modestin nous dit, il est vrai (loi 4), que la société pouvait être contractée *re, et verbis, et per nuntium* ; mais cela ne signifie pas que la société soit un contrat réel comme le *mutuum*, ni verbal comme la stipulation ; le jurisconsulte a seulement voulu dire que l'accord des volontés peut résulter de la mise en commun des choses sociales, ou bien être exprimé avec ou sans stipulation, et même par l'intermédiaire d'un tiers.

La société exigeant un consentement, ne peut être valablement formée qu'entre personnes capables, elle ne pourrait pas être contractée par un pupille, sans l'autorisation de son tuteur; mais comme elle constitue un contrat de droit des gens, elle peut exister même avec des fils de famille, des esclaves ou des étrangers. Il n'est pas nécessaire que les parties expriment formellement leur intention de former une société, cette intention peut être tacite, dans certains cas on la présume, et il en résulte quelquefois une bien faible nuance pour distinguer la simple indivision et la société. Ainsi lorsque deux personnes achètent séparément les moitiés indivises d'une même chose, il existe entre elles un rapport de communauté et non de société; si elles avaient acheté conjointement, elles seraient réputées avoir tacitement contracté une société. Pour transformer l'indivision en association, une seule chose est nécessaire, c'est l'*affectio societatis*, la volonté de s'associer. Par exemple, il y a simple communauté: quand plusieurs légataires ont été appelés à recueillir une même chose; quand diverses personnes ont, en vertu d'un droit égal, fait adition de la même hérédité; ou quand elles ont accepté une donation offerte simultanément à toutes. Dans ces différents cas, la volonté des parties est étrangère aux résultats acquis; aussi un pupille pourrait-il parfaitement, sans aucune autorisation de son tuteur, se trouver dans l'indivision avec un tiers, car les obligations auxquelles il est alors exposé, sont indépendantes de tout consentement.

De ce que la société est un contrat, il faut conclure qu'on ne peut pas devenir malgré soi l'associé de quelqu'un. Sans doute, chacun des associés a la faculté de s'associer en sous-ordre et sans le consentement des autres, une tierce personne qui partagera avec lui sa part de profits ou de pertes dans la société principale ; mais c'est là une société nouvelle, et que les premiers associés ont le droit de ne pas reconnaître car *socii mei socius, socius meus non est.*

Cet associé particulier est ce qu'on appelait à Rome *socius adscititius,* ce que nous nommons en droit français un *croupier.* Entre le croupier et celui qui l'a admis dans le partage de ses intérêts, il existe de véritables rapports d'associés. Tout ce que l'associé principal obtiendra pour sa part dans le premier contrat, il devra le faire entrer dans l'actif de la société subsidiaire. Mais si le croupier, avec lequel les autres associés n'ont rien de commun, a par son fait causé quelque dommage à leur société, celui qui se l'est personnellement associé, en sera responsable vis-à-vis de ses associés principaux ; il devra exercer une action en réparation contre son croupier et leur procurer le bénéfice de la condamnation qu'il aura obtenue contre lui. Réciproquement le croupier pourra demander compte à son associé personnel des méfaits commis par ses autres associés.

L'associé qui a pris un croupier, ne pourrait-il pas, pour se décharger de toute responsabilité, céder à ses associés, au moyen d'un mandat *in rem suam,* l'action qu'il a contre lui quand il a causé quelque préjudice à la société ? Cette cession d'action suffirait-elle à le libérer alors même que le croupier étant insolvable, on ne pourrait obtenir de lui aucune réparation ? Faut il au contraire que l'associé qui se l'est adjoint rende absolument indemnes ses autres associés ? Ulpien (loi 23, pr.) pense que cette cession ne le

libérerait pas complètement, car il est impossible de con-
tester que seul il soit coupable d'avoir pris un associé en
sous-ordre. Sur cette question, Pomponius hésitait à
tort ; il donnait (loi 23, § 1) une fausse solution sur la
question suivante :

Le croupier a fait des bénéfices dans l'intérêt social, il
a aussi causé par sa faute du préjudice à la société ; pour-
ra-t-on prétendre qu'il y a compensation, et que l'associé de ce croupier ne devra pas être déclaré responsable ?
Pomponius admettait cette compensation ; sa solution
doit être rejetée, c'est l'avis de Marcellus. En effet, si
l'esclave d'un associé, préposé par son maître aux affaires
de la société, a commis quelque négligence, son maître
en devra compte à ses co-associés et ne pourra pas com-
penser avec cette dette les bénéfices que l'industrie de
son esclave a pu leur procurer. Telle est la décision de
Marc-Aurèle ; à la poursuite de ses associés, le maître ne
pourra pas répondre qu'il leur faut renoncer aux bénéfices acquis s'ils réclament une réparation. Sans doute, si
tous les associés avaient ensemble donné le mandat de
gérer les affaires sociales à l'esclave de l'un d'entre eux,
son maître ne serait responsable des fautes commises par
ce chargé d'affaires, que jusqu'à concurrence du pécule
de l'esclave, car le dommage doit être commun quand le
mandat émane de tous (loi 24). Mais de là, il ne faut pas
conclure que les pertes occasionnées par la négligence
d'un associé ne seront pas à sa charge par le seul motif
que dans le plus grand nombre des cas il aura enrichi la
société par son talent. Si un associé a commis quelque
faute, bien que sa gestion ait été le plus souvent heu-

reuse, il en doit la réparation, et il n'y a pas de compensation possible, car il est débiteur de ce qu'il gagne dans
l'entreprise sociale, débiteur encore à l'occasion du préjudice qu'il a causé, tandis que pour établir une compensation, il serait nécessaire qu'il fût débiteur d'une part,
et créancier de l'autre.

On a l'habitude d'ajouter au contrat de société certaines
clauses accessoires pour en fixer la durée ou soumettre
son existence à certaines modalités. On peut contracter
une société pour un temps indéterminé, ou jusqu'à un
terme fixe, ou à partir d'une certaine époque. Mais on ne
peut pas valablement convenir, dit Paul (loi 70), que la
société sera éternelle, ce que Cujas et Pothier interprètent
en ce sens, qu'on ne pourra pas prolonger sa durée au
delà de la vie des associés ; il ne faut pas prendre à la
lettre ce commentaire trop absolu, nous verrons en étu-
diant la dissolution de la société, qu'une convention peut
assurer la continuation de la société après le décès d'un
de ses membres entre les survivants.

L'existence de la société peut fort bien être soumise
à l'arrivée d'une condition ; c'était chez les anciens jurisconsultes un point très-controversé, la question a été
tranchée en ce sens par Justinien. Quel pouvait être
dans l'antiquité la raison de douter? Cujas en signale
une qui n'est susceptible de s'appliquer qu'aux sociétés
universelles de tous biens : dans cette espèce de société,
la propriété des apports de chacun devient commune
aux associés indépendamment de toute translation de la
possession, on pouvait donc prétendre qu'il s'opérait une
mancipation fictive ; or la mancipation est un *actus legi-*

timus qui n'est susceptible d'aucune modalité. On a
essayé de justifier cette hésitation des anciens Romains
par un motif plus général que voici : le contrat de société ne peut exister qu'avec le concours des volontés de
tous les associés, or il est difficile d'admettre que des
parties engagent conditionnellement leur volonté future,
et garantissent qu'elle se maintiendra si tel événement incertain vient à se réaliser. Quoiqu'il en soit de ces motifs, Justinien, dans la loi 6 au Code *pro socio*, dit qu'en
tous cas la convention sera valable.

Bonne foi. — En disant que la société est un contrat
de bonne foi, les lois 52, § 1 et 78 indiquent qu'à la différence des contrats de droit strict, le juge peut et doit,
dans les procès entre associés, se décider d'après la
bonne foi et l'équité, plutôt que d'après la rigueur du
droit.

« Societas, si dolo malo, aut fraudandi causà coïta sit,
» ipso jure nullius momenti est » (loi 3, § 3). On explique de deux façons différentes ce passage de Paul :
d'après certains jurisconsultes, il s'agirait dans cette loi
du dol commis par un des associés lors de la formation
du contrat pour tromper son co-associé et le déterminer
à traiter. Dans cette opinion, on examine si la société se
trouverait susceptible de nullité ou de rescision par suite
du vice qui a entaché la volonté d'un des contractants.
Ce § 3 semble, à notre avis, se rapporter plutôt à l'objet
de la société qu'aux rapports des associés entre eux lors
du contrat. Paul suppose qu'une société s'est formée
dans le but d'exploiter à l'aide de manœuvres fraudu-

leuses des opérations quelconques, et d'obtenir des bénéfices illicites. La place même du § 3 indique que cette interprétation est préférable, car il se trouve immédiatement après d'autres paragraphes où le même jurisconsulte s'occupe des objets de la société.

D'après De Vangerow (Lerbuck den Pandecten, 3ᵉ vol. § 605), la mauvaise foi d'une partie et l'erreur occasionnée par son dol font considérer le contrat de société comme nul et inexistant, sans même qu'il soit utile de rechercher si les manœuvres dolosives émanent de la partie contractante ou d'un tiers. Toutefois cette doctrine admet des distinctions, le dol ne détruit pas toujours absolument le consentement et parfois il le vicie seulement sans l'anéantir.

Dans un contrat *stricti juris*, le dol n'entraîne pas la nullité *ipso jure*, il faut que la victime ait recours à l'action ou à l'exception *doli*; à moins qu'une *clausula doli* ait été stipulée, alors la rescision s'obtiendrait par l'action *ex stipulatu*.

Dans un contrat de bonne foi, il faut distinguer entre le dol *causam dans contractui* et le dol *incidens in contractum*: dans le premier cas, nullité du contrat; dans le second, simple droit à des dommages-intérêts. Cette distinction a souvent été rejetée, on a soutenu que dans les deux cas le contrat était également nul. Dans une autre opinion aussi absolue que la précédente, le dol dans un contrat de bonne foi n'entraîne jamais la nullité, mais uniquement un droit à une indemnité que l'on pourra obtenir par l'action du contrat; si même la convention n'a reçu aucun commencement d'exécution, c'est la rescision qui sera prononcée comme la plus exacte réparation du dommage causé (loi, § 5 *de actionibus empti*).

Pour soutenir qu'en droit romain, un consentement surpris par dol peut occasionner toujours la rescision du contrat qu'il a servi à former, on invoque la loi 16 § 1 *de minoribus* XXV *annis* : une société est frappée de nullité si elle a été contractée par un mineur de vingt-cinq ans dont le consentement a été surpris à l'aide de manœuvres dolosives; il en serait de même, dit Ulpien, si la société avait été formée dans ces mêmes conditions entre citoyens majeurs de vingt-cinq ans.

Apport réciproque. — La mise de chaque associé peut être de différente nature; il se peut que l'un apporte de l'argent tandis que l'autre procure son industrie. Papinien en donne cet exemple : il est convenu entre Flavius Victor et Velleius Asianus que sur des terrains achetés par Flavius Victor, Velleius Asianus construira une maison, qu'ensuite ils la vendront et en partageront le prix ; cette convention est une société. Il peut être décidé que la société aura la pleine propriété des choses qui constituent l'apport de chaque associé, ou bien qu'elle en aura seulement l'usage, ou enfin qu'elle pourra les employer seulement à une certaine destination. Ainsi une société *unius rei* peut être formée par deux individus dont l'un est propriétaire de trois chevaux semblables, l'autre d'un cheval pareil aux trois premiers, dans le but unique de vendre ensemble ce quadrige; cela sera plus avantageux que de vendre séparément chacun ses chevaux.

Pothier cite un exemple analogue (contrat de société n° 141); deux voisins qui avaient chacun une vache ont contracté une société pour mettre en commun tous les profits qu'ils retireront de ces animaux. Il y a apport d'un simple usage, et si la vache de l'un des contractants vient à mourir, la société sera aussitôt dissoute, parce que les apports des associés entraînaient des obligations successives et que l'un d'eux ne peut plus réaliser les siennes. Les profits que plus tard l'autre associé tirera de sa vache lui resteront personnels. Si, au contraire, la propriété des deux vaches avait été mise en commun, la perte fortuite de l'une d'elles ne dissoudrait pas la société, car l'apport de chacun aurait été effectué dans son intégrité.

Dans la société *Alicujus negotiationis*, si, pour accomplir l'entreprise projetée, les associés doivent faire une mise en argent ou en tout autre valeur, ces apports ne deviennent pas communs et ne tombent pas dans la société par le seul fait que telle est leur destination, mais seulement après qu'en réalité ils ont été versés dans la caisse sociale ou mis à la disposition des associés. D'où Celsus tire la conséquence suivante (loi 58, § 1) : nous sommes convenus de mettre notre argent en commun pour faire une certaine acquisition, survient la perte de mon argent, qui la supportera? Si cet événement a eu lieu après la réalisation de mon apport, la perte est commune et doit être supportée par chacun de nous; cela se présentera si, par exemple, l'argent a été volé pendant un voyage que l'un de nous faisait pour acheter la chose sociale. Au contraire si la perte est antérieure à la mise en commun, bien qu'elle soit survenue alors que déjà mon argent était destiné à la société, je n'ai absolument rien à réclamer de ce chef.

Ulpien rapporte de cette règle une autre application encore tirée de Celsus : l'apport d'un des associés a péri, on se demande si celui qui en était propriétaire aura contre les autres un recours par l'action *pro socio?* Vous avez trois chevaux et j'en ai un, nous formons un contrat de société par lequel nous convenons que vous vendrez mon cheval avec les vôtres et me donnerez le quart du prix de ce quadrige. Si mon cheval vient à mourir avant la vente, Celsus pense que la société ne subsiste pas et que je n'ai aucun droit à prétendre une part dans le prix de vos chevaux ; car le but de notre société était non pas de former un quadrige, mais de le vendre ; autrement, si l'on était convenu de mettre en commun le quadrige de telle sorte que nous en soyons co-proprié-taires indivis, vous pour les trois quarts et moi pour un quart, il est certain qu'en ce cas, malgré la mort de mon cheval, nous resterions associés.

Si l'un des futurs associés était dispensé de faire aucun apport, et obtenait malgré cela un droit quelconque aux bénéfices espérés, le contrat ne serait pas valable comme société, ce serait une donation. Aussi cette donation déguisée serait-elle nulle pour défaut d'insinuation, en tant qu'elle excéderait 500 *solidi* à l'époque de Justinien. Une telle convention serait encore nulle, si elle était intervenue entre personnes incapables de donner ou de recevoir, par exemple entre époux.

Cependant ne peut-on pas valablement convenir

qu'un associé qui fait un certain apport réel recevra dans les bénéfices une part supérieure à celle que lui attribuerait un partage proportionnel aux mises? Nous reviendrons plus tard sur cette question avec plus de détails, mais, à notre avis, si une société formée avec un tiers qui n'y doit rien apporter, ni capital, ni industrie, n'est qu'une donation et ne vaut pas comme contrat de société, on ne peut pas donner la même solution dans le cas où il y a en réalité un apport effectué par chacun des associés. Notre hypothèse a une analogie frappante avec celle de la loi 38 *de contrahenda emptione*, liv. 18, tit. 1 : dans un esprit de libéralité un propriétaire consent la vente de sa chose à vil prix, la vente est valable : sans doute si l'opération avait été faite uniquement dans un but de donation, elle ne constituerait pas une vente ; mais il en est autrement dans le cas où elle a été faite seulement à vil prix par faveur pour l'acheteur. Ainsi, d'après Ulpien, telle négociation qui serait nulle comme vente si elle était faite exclusivement à titre gratuit, reste valable si le caractère onéreux s'y rencontre quelque peu. Donc en principe la loi romaine admet les donations indirectes, et rien ne s'oppose à ce qu'une société soit formée avec un tiers auquel, dans le contrat même de société, on fait en partie une libéralité.

Espoir de bénéfices communs. — Il est de la substance du contrat de société que le but de chaque associé soit de prendre une part dans les bénéfices réalisés. Ainsi, serait nulle la société dans laquelle on conviendrait qu'un seul associé conservera pour lui tous les bénéfices, à l'exclusion de son co-associé. C'est ce qu'on appelle la société léonine.

La participation aux bénéfices n'est pas tellement essentielle au contrat de société qu'il faille dès l'origine exiger pour tous les associés la certitude de cette participation ; pour la validité du contrat, il suffit qu'elle soit possible et soumise à une condition indépendante de la volonté des parties. Mais une société ne serait pas léonine par le seul motif que, dans un cas prévu et déterminé par les contractants, il pourra se faire qu'un des associés devienne étranger au partage des bénéfices. La loi 44 *pro socio* fournit un exemple de société formée dans ces conditions : je vous charge de vendre une pierre précieuse sous la condition que, si vous la faites payer 10, c'est à moi seul qu'appartiendra cette somme toute entière ; que si vous en obtenez un prix supérieur, vous garderez le surplus ; il me semble, dit Ulpien, que si cette convention a été consentie avec l'intention de faire un contrat de société, elle donnera lieu à l'action *pro socio* ; dans le cas contraire, ce sera l'action *prescriptis verbis* qui s'appliquera.

Malheureusement Ulpien a examiné la même hypothèse dans un passage rapporté au Digeste, loi 13, pr. *de præscriptis verbis et in factum actionibus*, et la solution qu'il donne n'est plus la même. A la suite de cette opération, dit-il, on ne peut donner ni l'action *mandati*, ni l'action *pro socio* ; car, d'une part, le mandat doit être gratuit ; et d'autre part, celui qui s'est réservé un prix déterminé, qui n'a pas admis le vendeur à partager avec lui le produit de la vente, n'a pas contracté une société ; on donnera l'action *in factum*. En présence de ces deux textes contradictoires, que décider ? La convention constitue-t-elle une société ? Y a-t-il mandat, ou contrat innomé ? L'intérêt de cette question est de savoir si le propriétaire de la pierre précieuse pourra par sa seule volonté empêcher la vente de s'effectuer : s'il y a simple mandat, il peut être révoqué au gré du mandant ; si au contraire il y a une société dans laquelle l'individu chargé de vendre apporte son industrie, le mandat qu'il accomplira en transférant à l'acheteur la propriété de l'autre associé est un mandat irrévocable, il faudra pour le rompre une cause ordinaire de dissolution des sociétés. Quelle est donc la nature de ce contrat ?

Faut-il admettre que les deux textes d'Ulpien soient réellement en opposition et constatent une contradiction ? Des jurisconsultes l'ont pensé et ont justifié la décision de la loi 13 aux dépens de la loi 44 en disant : que l'on ne peut pas soustraire les contrats à certaines règles essentielles sans les dépouiller de leur nature ; que la participation aux bénéfices est de l'essence du contrat de société, et que dans notre espèce elle n'existe pas. Il nous semble que cette interprétation est d'une rigueur exagérée ; l'essence du contrat de société exige une seule chose, l'espoir pour tous les associés de faire un bénéfice ; mais le caractère aléatoire des bénéfices possibles permet que leur réalisation soit subordonnée à des conditions de toute nature. Or dans l'espèce proposée, qu'y a-t-il ? Pour e propriétaire de la pierre précieuse, l'espoir d'en retirer une somme de dix, grâce à l'habileté de l'individu chargé de la vente; pour le vendeur, l'espoir de conserver une partie du prix de la chose s'il parvient à la vendre plus de dix. La participation aux bénéfices est incertaine, mais elle est possible et cela suffit pour que les parties aient pu faire un contrat de société. Toute la question est de savoir si elles l'ont voulu, Ulpien le présume dans la loi 44, et s'il donne dans la loi 13 une autre solution, c'est qu'il ne fait plus la même supposition; mais il n'est pas en contradiction avec lui-même, car tout dépend d'un point de fait, de l'intention manifestée par les parties.

Il n'est pas rare que l'incertitude existe sur la nature d'une convention, il faut alors, pour faire disparaître le doute, envisager les faits et rechercher la commune volonté des contractants; c'est Ulpien lui-même qui pose cette règle dans la loi 52, *pr.* On met en vente un immeuble, et les deux propriétaires voisins de ce fonds conviennent que l'un d'eux se portera acquéreur, puis fera cession à l'autre de la partie contiguë à sa propriété. Plus tard, celui qui avait pris l'initiative de cette convention et qui devait laisser faire l'achat par l'autre, fait lui-même le marché sans en prévenir son voisin. Celui-ci aura-t-il contre l'acquéreur du fonds une action quelconque? Il y a là, répond Julien, une question de fait : s'il y a eu seulement un mandat de la part de celui qui a finalement acheté, on n'a contre lui aucune action, car le mandant peut toujours révoquer son mandat; si au contraire il y a eu société, si l'une des parties avait été chargée d'acheter dans l'intérêt commun, elle pourra, par l'action *pro socio*, contraindre l'autre à lui céder la part de l'immeuble à laquelle la convention lui donnait droit. La preuve que les parties ont eu l'intention de former un contrat de société devra toujours être faite par le demandeur.

La nécessité d'une participation à des bénéfices communs, fait qu'il n'y a pas de société proprement dite dans le contrat suivant déjà fréquent à l'époque de la législation romaine et encore très-usité aujourd'hui : deux cultivateurs sont propriétaires chacun d'un cheval, ils ne peuvent seuls faire leur labour, et conviennent qu'ils se prêteront mutuellement leur cheval ; que, par exemple, l'un d'eux pourra disposer des deux chevaux, tous les deux jours, et que, pendant les jours intermédiaires, ce même droit appartiendra à l'autre. Cette convention ne constitue pas une véritable société, tous les éléments nécessaires à ce contrat ne s'y rencontrent pas ; chaque partie fait un apport, mais les bénéfices réalisés ne seront jamais mis en commun, telle n'est pas leur destination, ils doivent rester toujours personnels à chacun des contractants. Cette convention rentre dans la classe des contrats innomés. Il en serait autrement, et il y aurait réellement société si les chevaux de deux propriétaires différents avaient été employés à la culture d'un champ commun.

III

OBJET DE LA SOCIÉTÉ

Les futurs associés doivent dans leur contrat indiquer avec une grande précision sur quels objets portera leur association et quelle sera sa nature. Sous l'Empire du Code civil français, quand l'objet d'une société n'est pas suffisamment déterminé, on applique le principe général en vertu duquel il n'existe pas de convention valable sans un objet nettement désigné ; à Rome, au contraire, si les parties ne précisaient pas avec soin le genre de société qu'elles avaient entendu former, leur contrat était par l'effet d'une présomption considéré comme société générale d'acquêts (loi 7, Dig. *pro socio*).

La société *unius rei* peut embrasser une seule chose déterminée, ou bien en comprendre plusieurs. Dioclétien et Maximien dans la loi 2, au Code, citent un exemple de société *unius rei* s'appliquant à un seul immeuble ; Vous avez acheté un immeuble avec votre patron (selon d'autres éditions, avec votre oncle), pour en avoir ensemble la co-propriété, tous deux vous en avez pris possession, vous en êtes légalement tous deux propriétaires ; et si vous avez seul payé le prix du bien acquis au moyen d'annuités, tandis votre associé n'a rien déboursé, vous obtiendrez de lui par l'action *pro socio* le remboursement de tout ce qu'il vous doit à ce sujet. — Il y a donc société dans cette espèce, et cependant Ulpien, au Digeste loi 31, cite le même cas d'immeuble acquis simultanément par deux personnes comme exemple de simple communauté, d'indivision étrangère à toute idée de société. Néanmoins il n'existe pas de contradiction entre ces deux textes, car Ulpien, dans la même loi 31, explique qu'il y aurait société si les parties avaient eu la volonté de s'associer, et c'est précisément l'hypothèse du rescrit des empereurs Dioclétien et Maximien.

Une société *unius rei* pouvait avoir pour objet une hérédité future. En droit romain, contrairement à notre législation française (art. 1130, C. civil), les stipulations sur successions non encore ouvertes étaient permises quand elles étaient faites avec l'assentiment du futur *de cujus*. On pouvait donc valablement former une société ayant pour objet l'hérédité qui serait un jour dévolue à l'un des associés. Une difficulté d'interprétation s'est élevée au sujet d'une semblable société : la convention porte sur une *justa hereditas* à venir; quel est le sens exact de ces mots? Quel est l'objet précis de la société? Est-ce seulement l'hérédité légitime, celle qui est déférée par la loi? Ou faut-il y comprendre aussi l'hérédité testamentaire? L'opinion de Paul, exprimée dans la loi 3, § 2, *pro socio*, est qu'il faut restreindre l'objet de cette société à l'hérédité légitime seule.

Nous trouvons, dans les divers fragments insérés au Digeste et au Code, des exemples nombreux de sociétés *alicujus negotiationis :*

Argentariæ societates. Elles avaient pour objet toutes les opérations de banque et de change (Paul, loi 27, *de pactis*. Ulpien, loi 52, § 5, *pro socio*).

Sagariæ societates, pour l'entreprise des fournitures militaires (Ulpien, loi 52, § 4, *pro socio*, et loi 5, § 15, *de tributoria actione*).

Salinarum societates. Dioclétien et Maximien les mentionnent spécialement dans la loi 3 au Code, mais les salines étaient une partie des impôts publics dans l'Empire romain, et en général elles étaient exploitées par les *societates vectigalium*. D'ailleurs les sociétés vectigaliennes contractées pour la ferme des impôts, sont de véritables sociétés *alicujus negotiationis*; seulement elles ont, à cause de leur importance et de leur utilité, reçu l'application de certaines règles spéciales qui les ont fait considérer comme une espèce particulière de sociétés.

On peut faire rentrer dans la même classe les sociétés formées pour l'achat et la revente des esclaves (Paul, loi 65, § 5), pour l'enseignement de la grammaire (Paul, loi 71, *pr.*), et le colonat partiaire, par lequel un propriétaire afferme son domaine moyennant une certaine part des récoltes annuelles; toutefois cette convention participe du louage et demeure obligatoire pour les héritiers du colon ou du bailleur.

Comme exemples de sociétés *unius rei*, nous pourrons citer d'une façon générale toute convention de faire en commun une certaine acquisition, *ad aliquam rem emendam* (Paul, loi 65, § 5); l'exploitation par plusieurs individus d'un champ ou d'un troupeau (Ulpien, loi 52, § 2); la société contractée par plusieurs frères qui laissent dans l'indivision les successions de leurs parents afin d'en partager tous ensemble les profits ou les pertes (Ulpien, loi 52, § 6).

L'objet de la société et le but des parties contractantes doivent toujours être honnêtes et licites ; c'est un principe essentiel à cette matière. On ne peut pas s'associer pour partager le fruit de vols ou d'autres méfaits, *quia delictorum turpis atque fœda communio est.* Dans une société formée pour faire une négociation parfaitement licite, si l'un des associés commet, à l'occasion des affaires sociales, un délit qui lui procure un certain profit, les autres associés ne pourront pas en exiger leur part, car il leur faudrait fonder leur réclamation sur un motif honteux ; au contraire, ils en garderaient leur part si, après avoir mis en commun ce profit, l'associé, auteur du délit, prétendait le revendiquer pour lui seul, car il serait obligé d'alléguer sa faute pour établir son droit ; or *in pari causâ turpitudinis,* dit Pothier, *potior est causa possidentis.*

IV

ACTIF ET PASSIF DE LA SOCIÉTÉ.

Dans une société que les parties ont voulu restreindre à une entreprise ou à un objet déterminé, l'actif se compose des seuls bénéfices produits par l'objet de la société; le passif comprend uniquement les dettes résultant de cette même affaire. Tout profit dont la cause est étrangère à la société, toute dette qui n'a pas pour origine et pour cause les besoins sociaux, doivent rester propres à ceux des associés en la personne desquels ils se réalisent. Ulpien, dans la loi 52, § 5, fait l'application de cette règle à une société *alicujus negotiationis :* deux individus s'étaient associés pour faire la banque, l'un d'eux s'était livré à une industrie indépendante de leur commerce et y avait fait des bénéfices, doit-il les partager avec son associé banquier? L'empereur Sévère, par un rescrit, a décidé qu'en cette espèce les profits obtenus par chaque associé hors de la banque ne devaient pas entrer dans l'actif social. Cette décision doit évidemment être généralisée et étendue à tous les cas de société *alicujus negotiationis,* c'est l'avis de Pothier.

De même dans une société *unius rei*, l'actif et le passif doivent comprendre uniquement les créances et les dettes qui ont une cause sociale, c'est la solution qu'a donnée Papinien dans le cas que voici : plusieurs frères ont maintenu dans l'indivision l'hérédité de leurs père et mère, leur intention a été de profiter tous ensemble des bénéfices qu'elle produirait, et de supporter en commun les pertes qu'elle éprouverait ; tout ce qui est acquis en dehors de ces deux hérédités reste propre à celui qui l'acquiert, et réciproquement, toute perte ayant une cause indépendante de l'objet de la société, lui reste étrangère.

L'associé devra-t-il, dans tous les cas, rapporter à l'actif social le bénéfice qu'il a fait uniquement à cause de la part qu'il a dans la société? Ulpien, dans la loi 63, § 9, rapporte à ce sujet une question délicate : deux associés étaient propriétaires d'un esclave, l'un d'eux fait à l'esclave commun un legs qu'il n'accompagne pas du don de liberté; ce legs appartient uniquement à l'autre associé, car il n'est valable qu'à son égard; l'esclave ne pourrait pas pour le recueillir prétendre qu'il représente la personne du testateur, cela ne serait pas valable, il ne peut invoquer pour obtenir son legs que sa qualité d'esclave de l'associé survivant. La question est de savoir si cet associé ne pourra pas être contraint par l'action *pro socio* à partager avec l'héritier de l'associé décédé le bénéfice du legs. Sextus Pomponius dit que Julien rapporte la réponse de Sabinus à cette question, et que Sabinus n'était pas d'avis que le legs dût être partagé. Julien pense aussi que cette opinion peut se soutenir. En effet, ce n'est pas à cause de la société elle-même que cette acquisition a eu lieu, ce n'est pas le droit de la société que le propriétaire de l'esclave légataire a invoqué, il n'a fait usage que de son droit personnel; ce droit, il est vrai, n'est autre que sa part de propriété dans l'objet commun, mais on ne doit pas faire entrer dans l'actif social le bénéfice qui a son origine non dans la société, mais seulement dans une part d'associé.

Il faut, pour rendre cette hypothèse réalisable, supposer que la société n'a pas été dissoute par la mort de l'associé testateur ; c'est une chose parfaitement possible, elle dépend de la convention, ainsi que nous le dirons plus loin.

V

DES POUVOIRS DE CHAQUE ASSOCIÉ.

On peut dans le contrat de société stipuler qu'un seul des associés sera chargé de la direction des affaires sociales. A défaut de convention à ce sujet, les associés sont tous réputés s'être mutuellement donné l'autorisation de gérer la société dans l'intérêt commun, c'est un mandat tacite auquel on appliquera les règles ordinaires de ce contrat. Or la représentation n'était pas permise à Rome ; celui qui contractait pour le compte d'autrui, restait seul débiteur ou devenait seul créancier des tiers avec lesquels il avait traité. Mais cette règle de droit strict était tempérée par les modifications du droit prétorien, qui accordait aux associés ou contre eux, des actions utiles pour l'exécution des contrats passés au nom de la société par un de ses membres. Une autre ressource du même genre naissait des actions *adjecticiæ qualitatis :* tous les associés qui ont mis un *institor* à la tête du commerce qui fait l'objet de leur société, ou préposé un *exercitor* à la conduite du navire qui leur est commun, seront tenus des obligations contractées par ces mandataires pour le compte de la société, et acquerront personnellement les actions contre les tiers obligés envers ces mêmes préposés.

Un principe identique se rencontre dans les sociétés

de banquiers. Tous les *argentarii* associés sont tenus des obligations contractées par l'un d'eux.

Lorsque les associés n'ont pas de mandataire et contractent eux-mêmes collectivement, ils ne s'engagent pas solidairement et sont tenus seulement pour la part qu'ils ont dans la société. Il n'existe entre eux d'obligation solidaire que dans un cas, celui où ils auront ensemble vendu une chose sociale qui donnera lieu contre eux à une action en garantie fondée sur l'existence de vices cachés (loi 44, § 1, *de ædilitio edicto*). Cette solidarité pèse au contraire sur tous les associés quand ils ont préposé un mandataire à la direction de leurs intérêts ; l'obligation contractée par l'*institor* rejaillit avec solidarité sur chacun des associés, parce qu'il serait inique d'imposer au créancier de la société la nécessité de diviser son action, et d'agir contre plusieurs individus quand il a contracté avec une seule personne.

Toutes les fois qu'il y aura lieu d'accorder une action utile ou du droit prétorien, l'associé qui aura seul pris part au contrat dans l'intérêt social, et le mandataire qui aura représenté la société, obligeront directement les associés ou mandants, ou leur acquerront l'action du contrat.

Un associé peut librement disposer du droit qu'il a sur les choses dont la société est propriétaire ; c'est à tort, disent les empereurs Dioclétien et Maximien, qu'on a voulu faire croire qu'une partie indivise d'immeuble ne pouvait, avant le partage, être aliénée au profit d'un étranger aussi bien qu'au profit d'un autre associé (loi 3, Code *de commu. rer. alien.*). Mais un associé ne peut pas aliéner plus que sa part.

De ces principes découle la solution de la question posée par Ulpien (loi 6, § 6, *de communi dividundo*) : Si un des associés fait une inhumation dans un terrain commun, ce lieu devient-il religieux ? Assurément chaque associé avait le droit de déposer un mort dans un lieu déjà religieux, dans un sépulcre commun ; car chacun peut utiliser la chose commune conformément à sa destination. Mais un associé ne peut pas, par sa seule volonté, transformer en lieu religieux un terrain encore profane ; en agissant ainsi, il dépouillerait son associé de la part qui lui appartient dans la propriété du fonds, il disposerait d'une part qui n'est pas la sienne et outre-passerait son droit. Cependant Trebatius et Labéon, tout en admettant qu'en pareille circonstance le lieu n'est pas rendu religieux, accordent à l'autre associé une action *in factum*. D'après ces jurisconsultes, le terrain dont il s'agit, sans être devenu absolument religieux, a pourtant reçu par le fait de l'inhumation un certain caractère sacré, il est mis en quelque sorte hors du commerce et ne peut plus appartenir à la société. C'est par ce motif qu'ils ne permettaient, au sujet de ce fonds, ni l'action *pro socio*, ni l'action *communi dividundo*, mais estimaient qu'il y avait lieu d'accorder une action *in factum* pour obtenir soit l'enlèvement du cadavre, soit le prix du terrain occupé. C'est à cette action *in factum* qu'on recourt en général, à défaut d'autre action spéciale.

L'opinion de Labéon, le chef de la secte proculéienne,

n'a pas prévalu ; on a préféré celle de Sabinus que Pomponius rapporte à la loi 39 *pro socio*. Dans les mêmes circonstances de fait et pour obtenir le même résultat, c'est-à-dire l'enlèvement du corps ou la valeur du terrain, Sabinus accordait l'action *pro socio*.

Sabinus nous enseigne encore (loi 28, *eod. tit.*) qu'aucun des associés ne peut librement faire quelque chose sur le bien commun contrairement à la volonté des autres. Chacun d'eux a le droit de s'opposer à une innovation quelconque, *in re pari potiorem causam esse prohibentis constat*. Nous trouvons au Digeste plusieurs applications de cette règle : deux associés sont propriétaires d'un terrain sur lequel l'un d'eux veut élever des constructions, l'autre associé a le droit de s'y opposei (loi 27, § 1, *de servit. præd. urb.*). La même idée est encore exprimée à la loi 11, *si servitus vindicetur :* un associé a le droit de s'opposer à ce que voudrait faire malgré lui son coassocié, car celui-ci dispose d'un droit qui ne lui appartient pas, quand il prétend se servir de la chose commune à sa guise et comme s'il en était seul propriétaire.

Toutefois il ne faut pas considérer comme absolue la règle qui interdit à un associé de rien faire sur la chose sociale sans le consentement de ses co-associés ; leur autorisation n'a pas besoin d'être expresse, elle peut être tacite ; Pomponius nous l'apprend dans la loi 28, *conn. divid :* Si un travail a été opéré par l'un des associés sans l'adhésion de l'autre, celui-ci ne pourra pas faire détruire les travaux, s'il les a laissé exécuter alors qu'il pouvait les empêcher ; et si de ces travaux est résulté quelque dommage, l'associé opposant pourra seulement par l'action *pro socio* en demander la réparation ; tandis que s'il les avait expressément approuvés il n'aurait pas même cette action en réparation du préjudice qu'il subit.

VI

OBLIGATIONS DES ASSOCIÉS ENVERS LA SOCIÉTÉ.

Les circonstances à la suite desquelles chaque associé peut devenir débiteur de la société sont fort nombreuses et variées; nous étudierons particulièrement les cas où cette dette naît à raison de l'apport promis, des bénéfices réalisés dans l'entreprise sociale, des fautes de l'associé ou de sa demeure. L'action *pro socio* est toujours le moyen de procédure employé par les associés pour obtenir les uns des autres les comptes qu'ils doivent à la société.

§ I.

Chaque associé doit à l'époque convenue mettre en commun les biens qui constituent son apport; mais sa libération n'est pas complète dès qu'il a réalisé sa mise sociale, et si plus tard la société vient à en être dépouillée par un tiers qui s'en prétend propriétaire et qui triomphe dans l'action en revendication, il y aura lieu de faire peser l'obligation de garantie sur l'associé dont l'apport se trouvera anéanti par suite de cette éviction. Il y aura encore recours en garantie contre un associé à raison des vices rédhibitoires de sa mise, s'ils sont un obstacle à ce que la chose procure l'utilité onforme à sa nature et à sa destination ; mais il faudra prendre en considération la bonne foi de l'associé. D'une manière générale on peut dire que pour exercer ce genre de poursuites on devra, par analogie, appliquer les règles de la vente. Si le juge reconnaît que l'associé actionné ignorait la possibilité d'une éviction, ou l'existence des vices cachés, que d'ailleurs la société a déjà pendant un temps considérable eu la jouissance de l'apport dont elle se trouve dépouillée, il pourra ne pas prononcer de condamnation à des dommages-intérêts ; mais nous ne pensons pas qu'il ait le droit de pousser l'indulgence au point de maintenir l'associé poursuivi dans son droit ; il nous semble que l'éviction a si bien anéanti la mise sociale, qu'un des associés n'ayant pas fait d'apport, doit nécessairement être exclu de la société, et que par conséquent cette société est irrévocablement dissoute.

§ II

Tous les bénéfices qui ont pour origine l'entreprise commune doivent entrer dans l'actif social ; si donc un associé a fait un profit conforme à l'objet de la société, il en doit compte à ses co-associés. Mais si à la suite d'une vente de chose commune, il n'a touché du prix que la part à laquelle il a droit, de ce chef il n'est débiteur vis-à-vis de personne, et ce qu'il a reçu ne pourra pas lui être réclamé par l'action *pro socio*. Pomponius à la loi 62 fait une application de cette règle : Titius, mon associé, est mort. Me figurant que Seius est son héritier, d'accord avec lui, je vends la chose sociale et chacun de

nous reçoit sa part du prix. Le véritable héritier de Titius ne pourra pas obtenir de moi par l'action *pro socio*
une portion du prix que j'ai touché ; c'est l'opinion de
Neratius et d'Ariston: parce que j'ai perçu seulement
l'équivalent de ma part dans la chose vendue. Peu importe que j'aie seul vendu ma part sociale, ou que la
vente ait été faite en même temps par moi et par celui
qui prétendait avoir droit au reste de la chose sociale.
Autrement il arriverait que deux associés, après avoir
vendu leur bien commun, pourraient par l'action *pro socio*
se réclamer une portion du prix qui doit revenir à chacun.

Pothier développe ainsi l'argument présenté par Pomponius : Vendre la chose sociale avec le concours de
celui qu'on croit être son associé, est l'équivalent de
vendre avec le concours de l'associé véritable; si donc
je pouvais être contraint à rapporter la part du prix que
j'ai touché dans cette vente faite avec mon associé putatif, je pourrais de même, et par un motif identique, être
contraint à rapporter ma part si la vente avait été consentie par l'associé véritable, et si dans cette vente chacun de nous avait perçu sa part du prix; or, cette dernière proposition est absurde.

Ce commentaire de Pothier répond peut-être assez
bien à la dernière phrase de la loi 62, mais il a le tort de
prêter à Pomponius une pétition de principe, en lui faisant dire tout d'abord que la vente consentie par l'associé
putatif est tout aussi valable que si elle l'avait été par
l'associé véritable. A notre avis, le sens de cette loi est
beaucoup plus simple ; le jurisconsulte dit : j'aurais pu
ne vendre que ma part du bien commun, c'était mon

droit, et le prix que j'en aurais obtenu me serait resté propre; dans la vente que j'ai faite avec Seïus, on peut bien faire annuler la partie du contrat qui concerne la part de Titius, par la raison que cette vente a été consentie par un héritier apparent, malgré cela, l'opération demeurera valable pour ma part et l'héritier véritable de Titius ne pourra rien me réclamer.

Mais, continue Pomponius, réciproquement je ne pourrai pas agir contre vous au sujet de ce que vous aurez obtenu de Seïus par votre pétition d'hérédité; en effet ce qu'a touché Seïus dans la vente, représente votre part d'associé, et je n'ai aucun droit à exercer sur elle.

L'action *pro socio* trouvera son application si l'un des associés se fait payer par un débiteur de la société l'intégralité de sa part, tandis que les autres ne peuvent pas obtenir de lui tout ce qui leur est dû; l'insolvabilité de ce débiteur doit peser également sur chacun d'eux. Ulpien l'enseigne dans la loi 63, § 5 : Trois individus sont associés, Primus agit contre Tertius qui détient l'actif social et il obtient de lui le payement intégral de sa part; puis Secundus agit à son tour, mais ne parvient pas à se faire payer sa part entière, parce que l'insolvabilité de Tertius est survenue. Secundus pourra-t-il recourir contre Primus et obtenir que leurs deux parts soient confondues pour être ensuite partagées également? Ne serait-il pas inique de voir sortir de la même société un des associés plus riche que l'autre? Il faut, dit Ulpien, accorder à Secundus l'action *pro socio* et donner à chacun des parts égales; cette opinion est conforme à l'équité.

§ III

Tout associé doit la réparation du dommage qu'il a causé à la société, toutefois ce principe n'est ni absolu, ni incontesté, il comporte des distinctions que nous allons exposer.

Un doute s'était élevé sur la question de savoir si l'associé était responsable envers la société de sa faute, ou seulement de son dol. Ulpien à la loi 52, § 2, admet, d'après Celsus, la responsabilité même de la faute : dans un contrat de société, un des associés promet comme apport son industrie; la société a pour objet, par exemple, deux troupeaux que l'on réunit pour les faire paître et en partager le produit, ou bien un champ que son propriétaire livre à un colon partiaire afin d'en recueillir ensemble les fruits ; il est certain que dans ces deux cas, le berger ou le colon partiaire est responsable de sa faute, car la valeur de son industrie est l'équivalent de ce qu'apporte le propriétaire des troupeaux ou du champ, et, pour réaliser un tel apport, il faut se montrer capable de ce qu'on a promis. C'est pourquoi dans ces espèces, l'associé doit la réparation du dommage occasionné par sa seule faute.

Ulpien reproduit cette idée dans le § 11 de la même loi 52. Il ne distingue pas entre la faute *in committendo* et la faute *in omittendo*, sa doctrine est absolue. La faute *in omittendo* est la simple négligence, tandis que la faute *in committendo* consiste dans un fait actif et dolosif, tout au moins dans une imprudence. En général dans les contrats de bonne foi, on doit compte de ces deux genres de fautes, parce qu'on doit apporter tous ses soins à l'exécution du contrat.

Gaïus admet l'opinion d'Ulpien, mais il est moins absolu à un autre point de vue, il n'admet pas que l'associé soit tenu d'une faute quelconque, il lui reconnait des droits à l'indulgence. Nous devons, à ce sujet, indiquer qu'on distinguait à Rome des degrés dans la faute.

Nous n'examinerons pas la doctrine des anciens interprètes du droit romain, celle qu'a reproduite Pothier et qui consiste à diviser les fautes en faute lourde, légère et très-légère ; nous considérons comme démontrée la fausseté de ce système, comme seule vraie la distinction en faute lourde, faute légère appréciée *in concreto*, faute légère appréciée *in abstracto ;* et nous allons rechercher de quelle faute peut être responsable un associé envers la société dont il fait partie.

La faute lourde, *culpa lata,* consiste dans l'omission des soins qu'aurait eus l'homme le moins attentif, *non intelligere quod omnes intelligunt.*— La faute est appréciée *in concreto* quand on compare la conduite du coupable à la diligence plus ou moins grande qu'il a coutume d'apporter lui-même dans ses propres affaires. — Enfin la faute est appréciée *in abstracto* quand on considère les soins et le zèle qu'apporte à ses affaires un homme en général soigneux et diligent, considéré comme type d'un bon père de famille.

Quand il s'agit de juger la conduite d'un homme qui a commis une faute au sujet de choses dont il avait avec d'autres la propriété, on apprécie généralement la faute *in concreto;* cette règle doit être appliquée à l'associé relativement aux biens sociaux. Justinien le dit au § 9 de ses Institutes (*de societate*), ce passage est reproduit de Gaïus, loi 72 : quand on recherche de quelle faute peut être tenu un associé, il ne faut pas exiger de lui un soin parfait, il suffit qu'il ait dans la gestion des affaires sociales apporté le même zèle que d'habitude il apporte à ses propres affaires, car celui qui a pris un associé négligent doit s'en imputer la faute à lui-même.

En aucun cas, les associés ne sont responsables des dommages qu'il a été impossible de prévoir ni d'éviter. Le propriétaire d'un troupeau, après en avoir fait l'estimation, le livre à un métayer ; plus tard ce troupeau vient à périr par suite d'un vol à main armée ou d'un incendie ; si le métayer n'est coupable ni de dol ni de faute, le propriétaire subira la perte, le dommage sera commun. Au contraire, si le troupeau a été emmené par des voleurs non armés, la perte retombera tout entière sur le métayer, car il aurait dû garder avec plus de vigilance le troupeau qu'il avait reçu ; dans ces circonstances, il y aura lieu d'exercer contre lui l'action *pro socio*, pourvu que, malgré l'estimation qui a été faite du troupeau, les parties aient eu la volonté de former un contrat de société.

§ IV

Dans trois hypothèses que nous allons successivement examiner, un associé peut être débiteur envers la société d'une certaine somme représentant les intérêts d'un capital social.

1° Cela se présente lorsqu'un des associés a, au nom de la société, prêté à intérêts l'argent commun, il est évident que dans ce cas il doit compte à ses associés des intérêts qu'il a perçus. Il en serait autrement si le prêt à intérêts avait été consenti en son nom personnel, Paul l'enseigne à la loi 67, § 1ᵉʳ : il suppose qu'il ne s'agit pas d'une société universelle, car dans cette espèce de société, toutes les acquisitions des associés, quelle que soit leur cause, entrent dans l'actif social ; son exemple peut s'appliquer à une société *alicujus negotiationis*, à une société de banque : un des associés banquiers prête l'argent commun et en perçoit les intérêts, il devra les partager avec ses co-associés si le prêt a été fait au nom de la société. Mais s'il l'avait consenti en son nom personnel, comme alors il courrait seul les risques de la perte du capital, il devrait seul aussi profiter des intérêts stipulés.—Il n'est pas difficile d'imaginer un cas où un associé pourra valablement faire un *mutuum* en son nom avec l'argent de la société ; tant que la somme prêtée sera reconnaissable et existera en nature dans les mains de l'emprunteur, sans doute le *mutuum* n'aura pu se former que jusqu'à concurrence de la part à laquelle l'associé prêteur a droit dans cette somme, car il n'avait pas le pouvoir d'aliéner le surplus en son nom. Mais si plus tard l'emprunteur consomme de bonne foi toute la somme empruntée, alors le *mutuum* se formera *ex post facto*, et l'associé sera créancier de l'argent qu'il a prêté en son nom. L'hypothèse de Paul est donc facilement réalisable.

Une autre difficulté se présente : l'associé, prêteur en
son nom, ne devra-t-il pas, malgré ce que nous venons
de dire, à un autre titre, rendre compte à ses associés
des intérêts qu'il aura perçus ? Quand un associé emploie à ses besoins personnels l'argent de la société, il
en doit les intérêts ; or celui qui a fait le prêt dans les
conditions susdites, ne doit-il pas être réputé avoir ap-
pliqué à ses propres affaires la somme prêtée ? Non,
cette espèce diffère considérablement du cas auquel on
voudrait à tort l'assimiler. Dans le prêt à intérêts que
nous avons supposé fait au nom d'un associé, tous les
risques sont à la charge du prêteur et c'est par ce motif
qu'il doit bénéficier des intérêts, il est équitable qu'il
acquière le profit d'une opération dont il a supporté seul
tous les périls. Cette raison de décider n'existe pas dans
les divers cas où un associé convertit à son usage personnel l'argent de la société, qu'il s'en serve soit pour
acquitter ses dettes, soit pour entretenir sa famille, soit
pour faire des acquisitions quelconques ; en ces circonstances il ne court aucun risque et doit les intérêts de la
somme employée. Les Grecs disaient déjà avec raison,
que prêter à intérêts en son nom l'argent social, n'est
pas pour un associé l'équivalent d'employer cet argent
à son usage personnel.

2° Un associé peut encore être condamné à payer des
intérêts, quand il est poursuivi pour avoir diverti l'argent de la société, pour l'avoir détourné dans le but de
priver ses associés de la part à laquelle ils auraient eu
droit, ou pour l'avoir fait servir à ses besoins personnels.
Dans ces deux cas, les intérêts de la somme divertie sont

dus indépendamment de toute mise en demeure (Papinien, loi 1", § 4", *de usuris ;* Pomponius, loi 60, pr. *pro socio*).

3° Enfin quand un associé a été mis en demeure de payer ce dont il est débiteur envers la société, les intérêts de la dette courent contre lui. Pomponius le dit dans la même loi 60 : l'associé qui a été mis en demeure de verser à la caisse sociale un profit qu'il a fait à l'occasion de la société, en doit payer les intérêts à partir de la mise en demeure. Si ces faits se sont réalisés en la personne de l'héritier d'un associé, en aucun cas il n'y a lieu d'exiger des intérêts, car la société a été dissoute par la mort de cet associé.

Dans ces différentes circonstances, l'associé n'est pas redevable seulement des intérêts légaux de sa dette, il doit en outre des dommages-intérêts. Il en est ainsi, alors même qu'il n'aurait pas employé à son usage personnel les sommes qu'il devait appliquer uniquement aux besoins sociaux; un doute s'est élevé à ce sujet à cause de ces expressions de la loi 60 : *cum ed pecunid usus sit,* mais elles n'ont rien de limitatif, et sont exclusivement destinées à expliquer par un exemple le sens de la loi. Ceci sert de correctif à ce que la loi 67 paraît avoir d'étrange et d'absolu, quand elle dispense un associé de partager avec les autres les intérêts qu'il a retirés d'un placement d'argent social fait en son propre nom. Sans doute, il percevra seul les intérêts stipulés, mais la société pourra lui réclamer des dommages-intérêts.

VII

OBLIGATIONS DE LA SOCIÉTÉ ENVERS LES ASSOCIÉS.

Un associé qui a fait des dépenses personnelles dans l'intérêt social, devient à ce titre créancier de la société : l'objet de la société est, par exemple, une propriété riveraine d'un fleuve, un des associés répare à ses frais la digue commune ; il aura, dit Cassius, l'action *pro socio* pour obtenir son remboursement (loi 52, § 12). Il est bien certain que l'associé ne peut, dans ce cas, agir que dans la mesure de ce qu'il a déboursé pour les affaires sociales. C'est ce que dit Ulpien, loi 52, § 15 : un des associés fait un voyage pour l'intérêt de la société, il pourra réclamer à ses co-associés leur part dans les frais d'hôtellerie tant pour lui que pour ses voitures, ses bêtes de somme, ses marchandises et ses traîneaux.

Enfin il faut pour appliquer à ces dépenses l'action *pro socio*, qu'elles aient été faites avant la dissolution de la société ; postérieurement à cette époque, on ne pourrait plus dire qu'elles ont été faites dans un intérêt social ; mais elles seraient réclamées par l'action *communi dividundo*, car après la fin de la société et jusqu'au partage, l'indivision existe entre les anciens associés.

Une créance naît au profit d'un associé contre les autres, quand il a contracté une obligation dans un but social, alors même qu'il n'a rien encore déboursé. Dans cette circonstance il obtiendra par l'action *pro socio* que la dette contractée par lui seul soit payée en commun. Papinien, dans la loi 82, pour obtenir ce résultat, à savoir que les associés se trouvent tous liés par l'engagement de l'un d'eux, exige que l'argent emprunté par cet associé ait été effectivement versé dans la caisse sociale. On peut généraliser cette proposition et dire (s'il s'agit d'une obligation n'ayant pas un prêt d'argent pour motif), que la valeur acquise en échange de l'engagement, doit avoir été transmise à la société. Est-il nécessaire qu'elle lui ait profité? Nous ne le pensons pas, car il ne faut pas assimiler complétement à la gestion d'affaires les actes qu'un associé accomplit au nom de la société, dans ce dernier cas il a reçu de ses co-associés une sorte de mandat qui le dispense de justifier que sa gestion a été utile, pourvu qu'il y ait apporté sa diligence accoutumée.

Tous les associés devront donc contribuer au payement de l'obligation contractée par l'un d'eux; toute dette née de la société doit être payée avec l'actif social, alors même qu'elle serait acquittée seulement après la dissolution de la société. Si par exemple un associé s'est engagé conditionnellement, et si la condition vient à se réaliser après la fin de la société, la dette sera commune à tous les anciens associés; aussi, lors de la dissolution, l'associé qui a seul contracté l'obligation aura le droit d'exiger que les autres assurent par des cautions le payement de leur part dans cette obligation. S'il s'agit d'une dette à terme, l'associé qui s'est engagé seul ne pourra pas, lors du partage, la faire considérer comme actuellement due, mais il recevra des cautions pour se faire rembourser à l'échéance. — Si un associé vend du consentement de tous un bien commun, le prix en sera partagé, mais des cautions assureront à l'associé vendeur le concours des autres, pour le cas où surviendrait dans l'avenir une demande en garantie fondée sur l'éviction de l'acheteur ; et si dès à présent le vendeur subit un préjudice, ses co-associés devront lui en tenir compte. — D'une façon générale on peut dire que dans l'action *pro socio*, le juge doit veiller à ce que des cautions soient fournies pour garantir le partage soit des pertes, soit des bénéfices qui découleront de l'ancienne société. Sabinus exigeait cette précaution dans toutes les actions de bonne foi (Paul, lois 27, 28 et 38. Papinien, loi 41, *de judiciis*).

Une nouvelle source de créance, au profit de l'associé contre la société, se rencontre dans le préjudice qu'a subi cet associé, alors qu'il s'occupait des intérêts sociaux. Cette doctrine a prévalu sur celle de Labéon qui n'admettait pas cette source d'obligation. Pomponius expose ainsi à la loi 60, § 1, l'opinion de Labéon : un associé a été blessé dans une lutte engagée pour mettre obstacle à la fuite des esclaves que l'on devait vendre en commun ; il ne pourra pas réclamer à ses associés les frais médicaux nécessités par la guérison de sa blessure, parce que si la société a été la cause première de cette dépense, du moins elle n'en a rien recueilli. Il en serait de même si un associé se voyait, à cause de la société, privé d'une institution d'héritier ou d'un legs que, sans elle, un testateur aurait fait à son profit ; de même encore, si un associé néglige, pour s'occuper de la société, l'administration de son propre patrimoine. Car à l'inverse, la société n'aurait pas profité du bénéfice que cet associé aurait retiré soit d'une institution d'héritier, soit d'une donation qui lui aurait été faite à cause de sa qualité d'associé.

Mais, ajoute la loi 61 : d'après Julien, les frais nécessités par la blessure de l'associé doivent être mis à la charge de la société, et c'est là, dit Ulpien, la saine doctrine.

Ulpien confirme encore l'opinion de Julien dans la loi 52, § 4 : plusieurs individus ont formé une société pour la fourniture d'équipements militaires. L'un d'eux, dans un voyage qu'il faisait pour acheter des marchandises, est surpris par une bande de voleurs, son argent est volé, ses esclaves sont blessés, il perd même les choses qui lui appartenaient personnellement. Julien estime que cette perte doit être mise à la charge de la société, et que, par l'action *pro socio*, l'associé pillé peut réclamer à chacun des autres sa part du préjudice résultant du vol de l'argent et de toutes les autres choses qu'il n'aurait pas emportées, si son voyage n'eût eu pour but l'acquisition des marchandises nécessaires à la société. Ses co-associés devront aussi supporter pour leur part les frais médicaux. Il en sera de même si la perte est survenue par suite d'un naufrage, alors que l'usage était de faire transporter les marchandises par mer; car tous les dommages qui ne sont pas occasionnés par la faute d'un seul, doivent être, comme les bénéfices, partagés entre tous les associés.

L'associé, qui créancier de la société par une raison quelconque, ne peut pas obtenir d'un de ses co-associés, devenu insolvable, le remboursement intégral de ce qui lui est dû, a le droit de recourir contre les autres et de leur faire supporter, chacun pour sa part, le préjudice causé par l'insolvabilité de l'un d'eux. Paul, dans la loi 67, *pr.*, expose ainsi cette doctrine : un des associés au nom de tous, a vendu un immeuble commun, la dissolution de la société survient, le prix est partagé, et, soit par négligence, soit par tout autre motif, l'associé vendeur n'a reçu des autres aucune caution pour assurer son remboursement en cas d'action en garantie; l'éviction a lieu, et l'acheteur fait condamner envers lui son vendeur; celui-ci recourt contre ses associés, mais quelques-uns d'entre eux sont devenus insolvables; ce qu'il ne peut pas obtenir de ceux-ci, pourra-t-il le réclamer aux autres? Proculus estime que le fardeau de l'insolvabilité de quelques associés doit peser sur tous les autres, que cela est rationnel, car la société est contractée pour mettre en commun les pertes aussi bien que les profits.

Dans une circonstance, il arrivera que la société devra même des intérêts à l'associé dont elle sera débitrice. Cela se présentera quand un associé aura été dans la nécessité de faire pour la société une dépense personnelle; quand, par exemple, il aura fait avec ses propres écus et pour le compte de la société, un mutuum d'argent accompagné d'une stipulation d'intérêts. Il est juste qu'en pareil cas il soit remboursé des intérêts, car il aurait eu droit de les percevoir si le mutuum avait été consenti par lui à un autre emprunteur (Paul, loi 67, § 2).

VIII

DE L'ACTION *PRO SOCIO.*

En général, tout contrat donne naissance à deux actions de même nature, mais différentes dans leurs effets afin de répondre à la diversité des obligations de chaque partie. Au contraire, l'action qui résulte du contrat de société est unique, c'est l'action *pro socio;* la raison en est que les mêmes obligations sont imposées à chaque associé. Cette action appartient à chacun des membres de la société contre tous les autres; mais l'associé véritable, celui contre lequel on peut la diriger, est la personne que l'on a eue en vue lors du contrat. Si, par exemple, on a formé une société avec un tiers qui avait reçu de son père de famille ou d'un étranger l'ordre de contracter, c'est directement contre le père ou le mandant que l'on exercera l'action *pro socio.* Toutefois on ne peut pas agir contre l'un quelconque des associés; si l'actif social se trouve entre les mains de Primus, et que Secundus soit devenu créancier de la société dont il fait partie, parce qu'il a par exemple payé de son propre argent une dette sociale, Secundus devra diriger l'action *pro socio* contre celui-là seul qui détient l'argent commun; puis, ce prélévement opéré, chacun des associés pourra agir contre Primus pour obtenir sa part du reliquat: Paul l'enseigne à la loi 65, § 14.

L'action *pro socio* qui appartenait à un associé passe

à son héritier, et réciproquement, peut être exercée contre son héritier. Dioclétien et Maximien le disent dans la loi 3, au Code *pro socio*, en ce qui concerne un profit acquis à l'associé décédé : votre père a fait partie d'une société pour l'exploitation des salines, si la mort est venue le frapper avant qu'il eût reçu sa part des bénéfices communs, le profit qu'il aurait retiré de la société vous est acquis; c'est en ce sens que devra prononcer le président de la province, car la société est un contrat de bonne foi.

Dans l'hypothèse inverse, voici la solution que donnent Paul et Ulpien : l'action *pro socio* est donnée contre l'héritier d'un associé bien qu'il n'entre pas dans la société, car il a succédé aux biens du défunt; il est responsable de la faute commise par l'associé auquel il succède, il est tenu de tout ce qu'exige la bonne foi.

Le plus souvent, c'est à la dissolution de la société que s'exerce l'action *pro socio*; dans ce cas, elle donne lieu aux comptes généraux de toute l'entreprise qui a été l'objet de la société. Il est cependant quelquefois nécessaire d'intenter cette action alors que la société dure encore : par exemple, dans une société vectigalienne, lorsque l'intérêt de tous commande le maintien de la société, et que l'un des associés n'a pas mis en commun les impôts qu'il a perçus. L'action *pro socio* n'aura pas dans ce cas pour but de faire dissoudre la société, mais de faire restituer à tous ce qu'un associé retient à tort pour lui seul. Ce raisonnement que Paul applique à la société vectigalienne (loi 65, § 15), peut s'appliquer exactement à toute société *alicujus negotiationis* ou *unius rei*.

Il peut encore être utile de recourir à l'action *pro so-cio* pour contraindre un associé à permettre aux autres l'usage de la chose commune. Deux voisins, dit Ulpien d'après Méla, loi 52, § 13, ont mis en commun quelques pieds de terrain, afin de construire un mur mitoyen avec des treillis pour y appuyer tous deux leurs ouvrages ; la construction faite, l'un des associés se refuse à laisser l'autre adosser ses travaux au mur ; ce dernier exercera l'action *pro socio*. Il en sera de même si ces deux voisins ayant en commun acheté un terrain pour se donner du jour, après la tradition du terrain, celui qui en a la possession ne remplit pas les obligations convenues.

Si plusieurs sociétés différentes ont été formées entre les mêmes individus, chacun d'eux aura-t-il contre ses associés autant d'actions *pro socio* qu'il y a de sociétés distinctes, ou bien une seule action suffira-t-elle à chacun ? Ulpien décide qu'une seule action *pro socio* suffira dans cette circonstance ; Paul, au sujet de l'action *familiæ erciscendæ*, donne la même solution quand il s'agit de plusieurs hérédités qui se trouvent indivises entre les mêmes personnes. Toutefois c'est une pure faculté pour les associés ou co-héritiers de résoudre toutes les difficultés qui les divisent par une seule action et dans une instance unique, mais ce n'est pas pour eux une obligation, et ils auraient le droit d'intenter successivement l'action *pro socio* au sujet de chacune des sociétés qu'ils ont contractées ; c'est ce que semble bien dire Paul à la loi 25, § 3.

Des pactes joints au contrat de société. — L'action pro

socio peut servir à poursuivre l'exécution des pactes qui ont été ajoutés *in continenti* au contrat de société. On distingue les effets des pactes suivant qu'ils sont ajoutés à un contrat de droit strict, ou à un contrat de bonne foi. Dans un contrat de bonne foi, tel que la société, il faut, pour déterminer la valeur d'un *nudum pactum*, examiner s'il a été ajouté *in continenti* ou *ex intervallo* : le pacte ajouté *in continenti* fait partie intégrante du contrat, l'exécution en est assurée par l'action même du contrat. Il arrive quelquefois, dit Ulpien, loi 7 *de pactis*, que le pacte donne sa forme à l'action du contrat, c'est ce qui a lieu dans les actions de bonne foi, car ces pactes font partie des contrats de bonne foi, pourvu qu'ils y aient été ajoutés *in continenti*. Quant au pacte ajouté *ex intervallo* même à un contrat consensuel, il n'a pleine efficacité que s'il est intervenu *circa adminicula* ; s'il touche à l'un des éléments essentiels du contrat, il n'engendre plus qu'une exception, c'est-à-dire qu'il peut seulement avoir pour effet de diminuer l'obligation, sans jamais pouvoir l'augmenter.

Nous nous occupons ici exclusivement d'un pacte ajouté *in continenti* à un contrat de bonne foi, au contrat de société, et qui par conséquent reçoit son exécution par le moyen de l'action *pro socio*. Ulpien dans la loi 69 en cite un exemple qui a soulevé de grandes difficultés pour l'intelligence du texte, nous allons essayer de l'interpréter : On peut convenir que dans une société, un seul des associés fournira aux autres les frais d'hôtellerie, et prendra pour son compte toutes les opérations de l'entreprise. Si cet associé ne remplit pas son obligation, il y pourra être contraint par l'action *pro socio* ; Ulpien ajoute que dans ce cas on pourra encore agir par l'action *venditi*. Comment justifier la possibilité de deux actions différentes ?

Développons d'abord, selon Pothier, l'exemple proposé par Ulpien : trois marchands se sont associés pour faire un certain commerce ; deux d'entre eux sont expérimentés et habiles, le troisième n'a pas d'expérience. Les deux plus habiles conviennent avec le troisième, que ce dernier payera seul tous les déboursés d'hôtellerie ; on peut même, dans un sens large, comprendre dans ces frais tout ce que les marchands dépenseront pour vivre pendant la durée de la négociation d'achat des marchandises, et même pendant le temps qu'ils séjourneront après leurs achats sur le lieu du marché ; de telle façon que le troisième associé prenant toutes ces dépenses à sa charge, aura aussi toute l'entreprise à son compte. Les associés font leurs acquisitions, et les deux plus habiles payent à leur vendeur une certaine somme à titre de pot de vin. Ulpien pense que pour se faire rembourser cette somme, ils ont contre leur associé une action *pro socio* et une action *venditi*.

Pourquoi deux actions ? Le motif en est, dit Pothier, que par l'action *pro socio* les associés ne peuvent obtenir de leur co-associé que ce qui excède dans leurs dépenses le tiers auquel chacun d'eux est personnellement tenu. En effet, lors du contrat, c'est seulement à cet excédant qu'ils ont songé en stipulant que le troisième associé indemniserait les deux autres ; il n'a pas été question du tiers que cet associé devait pour sa part ; il n'était pas

nécessaire de veiller par une convention spéciale au payement de cette part ; puisque les deux premiers associés ne
s'étaient pas chargés de payer la part du troisième, chacun d'eux était pour sa part tenu de l'action *venditi*.
Donc puisque dans le pacte joint au contrat, il n'a pas
été question de ce tiers que le troisième associé devait
personnellement pour sa part, puisque l'action *pro socio*
comprend les choses convenues soit dans le contrat principal, soit dans les conventions accessoires, mais celles-
là seules, les deux premiers associés qui ont volontairement et librement payé la part du troisième, ne peuvent
pas la lui réclamer par l'action *pro socio*. Ils se serviront,
pour obtenir le remboursement de ce tiers, de l'action
venditi qu'a le vendeur contre cet associé, et qu'il a
cédée aux deux autres ; ou bien si ce mandat du vendeur
n'existe pas en réalité, il sera réputé donné et les associés auront une action *venditi* utile.

Cette interprétation de Pothier ne nous semble pas
admissible ; l'action *pro socio* peut parfaitement avoir
pour objet le remboursement de ce qu'un associé a pu
payer dans l'entreprise sociale au nom de son co-associé ;
cela nous semble résulter du principe d'après lequel tous
les associés sont censés s'être donné mandat tacite d'agir
les uns pour les autres. L'action *venditi* n'est donc pas
justifiée par Pothier.

Cujas déclare qu'aucun texte ne l'a autant embarrassé
que cette loi 69, et qu'il n'a pas la certitude de l'avoir
bien comprise. Il indique seulement la signification probable selon lui, et pour l'expliquer à sa façon, il modifie
le texte ; au lieu de ces mots : *eosque a negotio dimit-*

teret, il écrit d'après quelques éditions : *eosque ad nego-
tium dimitteret*. Le sens devient donc celui-ci ; un seul
des associés payera les frais du voyage, mais il chargera
les autres d'aller faire le marché ; la négociation terminée, Tertius, l'associé débiteur des frais d'hôtellerie, refuse de les payer, les autres exercent contre lui l'action
pro socio parce qu'il s'agit d'exécuter une clause du contrat de société. Mais comment peuvent-ils avoir l'action
venditi ?

Cette action n'appartient qu'à un vendeur, or, Primus
et Secundus n'ont rien vendu à leur asscié ; ils n'ont
pas davantage l'action *empti*, car Tertius ne leur a rien
vendu non plus. L'action *venditi* appartiendra au tiers
vendeur qui a fait un marché avec les deux associés chargés de négocier, et il pourra l'exercer même contre Tertius, bien qu'il n'ait pas contracté directement avec lui.

Tel est, selon Cujas, le sens de cette loi 69, en effet
l'action *pro socio* et l'action *venditi* ont des objets bien
distincts ; mais il nous semble que cette interprétation
consiste simplement à supprimer la difficulté de la loi 69
plutôt qu'à l'expliquer.

Les Baziliques (liv. 12, tit. 1er, loi 67) mentionnent
une autre altération du texte, c'est l'inverse de celle proposée par Cujas, elle aboutit d'ailleurs au même résultat
et n'explique pas la possibilité de deux actions simulta-
nées ayant le même objet. Voici le sens qu'elle donne à
la loi : Un associé *epulas promisit*, pour obtenir l'avantage de pouvoir seul faire la négociation, s'il n'exécute
pas sa promesse, on exercera contre lui les actions *pro
socio* et *ex vendito*.

Le commentaire que les Baziliques donnent de notre loi 69 ne fournit pas une explication satisfaisante, il est ainsi conçu : Titius est propriétaire d'un champ dont Primus désire acquérir la propriété. Ne connaissant pas Titius, Primus propose à Secundus et Tertius, tous deux amis de Titius, de faire cette acquisition comme s'ils achetaient pour eux-mêmes; il est entendu qu'il leur restituera ce que chacun d'eux aura payé et prendra toute l'opération à son compte. Primus leur promet de rembourser même leurs dépenses de table. Secundus et Tertius vont trouver Titius, obtiennent son consentement à la vente et achètent ensemble moyennant 300 sous d'or. Ils réclament chacun 100 sous d'or, quelle action ont-ils contre Primus? Ils en ont deux et peuvent agir soit par l'action *pro socio*, car on a le droit de l'exercer pour obtenir la dissolution de toute société, soit par l'action *venditi*, à cause de la convention intervenue entre eux et par laquelle Primus a promis de leur restituer ce qu'ils payeraient en son nom.

Aucun de ces développements ne justifie l'emploi d'une double action, le meilleur parti consiste peut-être à adopter l'interprétation de Glück, reproduite par Molitor (tome 2, p. 47), et d'après laquelle l'action *pro socio* trouve son application, parce que Secundus et Tertius ne font que réclamer l'exécution d'un pacte joint *in continenti* au contrat de société; et l'action *venditi*, parce qu'un tel pacte est en réalité une vente consentie par deux des associés au troisième, de la part qu'ils auront dans l'entreprise sociale, moyennant le remboursement de leurs dépenses.

Du bénéfice de compétence. — Le bénéfice de compétence consiste en ce que le débiteur est condamné, non pas à l'intégralité de la somme qu'il doit, mais seulement jusqu'à concurrence de ce qu'il peut payer, sans qu'on puisse demander contre lui l'exécution rigoureuse d'une condamnation ordinaire. Pour invoquer ce bénéfice devant le juge, il faut, dans la formule d'action délivrée par le magistrat, avoir fait insérer une exception qui s'applique à la *condemnatio.*

Ce bénéfice appartient à l'associé poursuivi par l'action *pro socio;* toutefois Ulpien, dans la loi 16 *de re judicatâ,* dit que cela doit s'entendre uniquement de la société *omnium bonorum ;* mais contrairement à l'idée de ce jurisconsulte, on l'a admis dans toutes les sociétés ; Ulpien le confirme lui-même dans la loi 63 *pro socio,* en disant que c'est l'avis de Sabinus : ce n'est pas seulement dans la société *universorum bonorum,* mais aussi dans la société *unius rei* que l'on doit accorder à l'associé poursuivi la faveur de n'être condamné que jusqu'à concurrence de ce qu'il peut payer, ou de ce qu'il aurait pu payer s'il n'eût commis quelque dol. Le motif de cette décision est qu'entre les associés, il existe en quelque sorte un sentiment de fraternité.

Il y a donc contradiction entre ces deux lois 16, *de re judicatâ,* et 63, *pro socio,* elles sont toutes deux d'Ulpien, on a tenté divers moyens de les concilier. On a dit d'abord que la fin de la loi 16 avait été ajoutée au texte par les glossateurs et qu'il fallait tout simplement la supprimer. On a dit encore qu'on pouvait conserver la loi 16 en son entier, à la condition d'ajouter le mot *maximé* au

membre de phrase qui restreint le bénéfice de compétence aux sociétés universelles; ce mot sous-entendu
changerait ainsi le sens de la loi : c'est dans les sociétés
universelles qu'on applique le plus souvent le bénéfice
de compétence, mais les autres sociétés peuvent en recevoir aussi l'application. D'après une troisième interprétation, dans les sociétés universelles le bénéfice de compétence serait toujours admissible, à la différence des
autres sociétés qui peuvent donner naissance à des actions autres que l'action *pro socio*, et auxquelles ce bénéfice n'est pas applicable. — Enfin on peut soutenir
qu'Ulpien, qui à la loi 63 reproduit la doctrine de Sabinus et étend à toutes les sociétés le bénéfice de compétence, a, plus tard, changé d'avis et a cru devoir la restreindre aux sociétés universelles, parce que seules elles
répondent à cette idée de fraternité sur laquelle est fondé
le bénéfice de compétence.

Toutefois ce bénéfice ne peut être accordé à un débiteur que s'il reconnaît son titre d'associé, aussi le préteur
ne l'accorde-t-il que *cognitâ causâ*, et si de son examen
il résulte que l'individu poursuivi conteste sa qualité
d'associé, ou que son obligation a sa source dans une
clausula doli, il ne viendra pas à son aide et lui refusera
le bénéfice de compétence.

Peut-on accorder ce bénéfice au fidéjusseur d'un
associé, ou bien est-il absolument personnel à chaque
associé? Ulpien est de ce dernier avis, loi 63, § 1: Mais
si le fidéjusseur, sans être poursuivi lui-même, dé-
fend au procès comme *procurator* ou *negotiorum gestor* de l'associé dont il est caution, il peut invoquer

le bénéfice de compétence, c'est l'opinion de Julien.

Si l'associé est un fils de famille ou un esclave, le bénéfice de compétence ne passera pas à son père de famille ou à son maître, alors même qu'il aurait contracté la société sur leur ordre ; car ce bénéfice n'appartient ni à l'héritier, ni à aucun successeur de l'associé, et, en général, dans les autres cas où il reçoit son application, il ne passe jamais aux héritiers quelconques des personnes qui avaient le droit de l'invoquer.

Quand il y a lieu d'accorder ce bénéfice, comment se calculent les ressources de l'associé débiteur ? Comment se détermine le montant de la condamnation qui peut être prononcée contre lui ? Le juge ne doit considérer que l'actif brut de l'associé, sans se préoccuper des dettes qu'il peut avoir ; c'était l'avis de Marcellus, il faisait exception pour les dettes qui ont une cause sociale (loi 63, § 3). Le juge doit en outre, pour rechercher quelles sont les facultés de l'associé poursuivi, se placer au jour de la sentence.

Un débiteur est censé pouvoir payer ce qu'il aurait pu payer sans son dol, car il ne serait pas équitable qu'en commettant un dol il pût améliorer sa condition. Il en est ainsi pour toutes les personnes à qui le bénéfice de compétence est accordé. Mais si le débiteur a réduit ses ressources par sa faute seulement et sans dol, la condamnation qu'il doit subir sera restreinte à l'étendue de ses facultés présentes. Est-ce volontairement réduire sa fortune qui de vendre ses biens pour se soustraire à une action dont on est menacé ? Peut-on considérer comme un acte de cette nature le fait d'un débiteur qui néglige

une occasion de s'enrichir? Il faut laisser à l'arbitraire
du magistrat la solution de ces questions.

Un dernier point nous reste à examiner au sujet du
bénéfice de compétence : a-t-on le droit d'exiger de l'associé qui invoque ce bénéfice un fidéjusseur pour garantir l'exécution de la promesse qu'il fait de payer un jour
s'il en a le moyen, ou bien ne peut-on lui demander que
sa promesse sans caution? Ulpien pense que cela doit
suffire et qu'il n'y a pas lieu en pareille circonstance de
donner caution (loi 63, § 4).

Concours de l'action pro socio *avec plusieurs autres.* —
Les associés peuvent en même temps que l'action *pro socio*, avoir les uns contre les autres des actions différentes.

Le plus souvent ils ont l'action *communi dividundo* :
Nous avons ensemble formé un contrat de société, il existe
des biens communs, j'ai fait certaines dépenses pour la
société, vous avez recueilli les produits de nos biens, je
puis par l'action *communi dividundo* vous demander
compte de tout cela, et prendre une part de l'actif social. Mais l'usage de cette action, dit Proculus, éteindra
mon action *pro socio* (loi 38, § 1). — Il ne faut pas prendre à la lettre cette dernière proposition, elle signifie que
je ne pourrai plus par l'action *pro socio* obtenir ce que
j'ai demandé déjà par l'action *communi dividundo*, et non
pas que l'une des actions éteint l'autre d'une façon absolue, même si la seconde est susceptible de comprendre
des choses qui ne pouvaient pas être obtenues par la
première. Ulpien l'explique en ces termes à la loi 43 : Si
l'un des associés a exercé l'action *communi dividundo*,

il conserve malgré cela l'action *pro socio* ; car dans cette action on peut tenir compte des créances, tandis qu'elle ne peut pas aboutir, comme l'autre, à une adjudication par le juge. Mais si après avoir fait usage de l'action *communi dividundo*, il recourt à l'action *pro socio*, il ne pourra pas y comprendre ce qu'il a déjà réclamé par la première.

Dans cette espèce, Ulpien suppose qu'un associé est devenu créancier pour le compte de la société, il sera, par l'action *pro socio*, tenu de céder l'action de sa créance à ses associés proportionnellement à la part qu'ils ont dans la société. Cette créance ne pourrait pas être l'objet d'une action *communi dividundo*, car elle ne peut s'exercer qu'au sujet de choses communes, et on ne peut pas établir par fiction qu'une créance est indivise quand elle est propre à l'un des associés. En effet, de deux choses l'une : ou bien l'associé a consenti un prêt en son nom propre, et alors il est certain que la créance lui est personnelle ; ou bien le prêt a été fait au nom de la société, et dans ce cas la créance n'est pas indivise, chacun des associés est de plein droit devenu créancier pour la part à laquelle il a droit dans la société.

A l'inverse, on peut, par l'action *communi dividundo*, obtenir un résultat qu'on n'atteindrait pas par l'action *pro socio* dans laquelle, par exemple, le juge n'aurait pas le pouvoir d'adjuger à chacun des associés la propriété d'une part quelconque de la chose commune. — Cependant il est des cas où l'on peut par l'une ou l'autre de ces actions arriver au même but, et c'est pour ce cas qu'est écrite la fin de la loi 43. Un immeuble étant indivis entre les associés, si l'un d'eux a fait sur ce fonds des dépenses personnelles dans l'intérêt social, si un autre a seul perçu les fruits de cet immeuble, les divers associés pourront réclamer leur compte aussi bien par l'action *communi dividundo* que par l'action *pro socio;* mais il ne pourra être traité du même objet que dans une seule de ces actions.

L'action *pro socio* peut concourir aussi avec l'action de la loi *Aquilia.* Il y a lieu d'exercer cette action toutes les fois qu'un préjudice matériel est causé à un homme ou à un animal quelconque par un fait actif du délinquant, *damnum corpore corpori datum.* Un des associés a, par son fait, causé quelque dommage à un animal dont la propriété est commune, il est tenu de l'action de la loi *Aquilia;* c'est l'avis de Celsus, de Julien et de Pomponius, il est reproduit par Ulpien dans la loi 47, § 1. Néanmoins cet associé peut aussi être poursuivi par l'action *pro socio* s'il a lésé l'intérêt social, si, par exemple, il a blessé ou tué l'esclave préposé au commerce qui fait l'objet de la société. Mais si l'on agit par l'action *pro socio,* on ne peut plus recourir à l'action de la loi *Aquilia,* car chacune de ces actions tend à la réparation civile du préjudice causé, aucune d'elles n'est exclusivement pénale.

Ce sujet rappelle la division des actions en *penales, rei persecutoriæ, et mixtæ id est rei persecutoriæ ex parte actoris et penales ex parti rei.* Une action est *rei persecutoria ex utrâque parte,* quand elle a pour but de faire restituer par le défendeur ce dont il s'est enrichi aux dépens du demandeur; elle est pénale, quand le but unique du demandeur est de faire infliger au défendeur une peine, une diminution de son patrimoine ; elle est *rei persecutoria* et pénale à la fois lorsque le demandeur veut seulement faire rétablir l'intégrité de son patrimoine, mais que le défendeur, pour fournir cette réparation, est obligé de s'appauvrir. Une action pénale peut bien se cumuler avec une action *rei persecutoria*, par exemple l'action *furti* avec la *condictio furtiva*, mais deux actions *rei persecutoriæ* ne peuvent pas être exercées cumulativement pour le même objet ; c'est ce que dit Ulpien dans la loi 50 en défendant d'exercer l'une après l'autre les deux actions *pro socio* et *legis Aquiliæ*.

Si cependant par l'une de ces actions on pouvait obtenir plus qu'il n'a déjà été accordé par le moyen de l'autre, on aurait le droit de les intenter successivement et de réclamer ce que la seconde comporte de plus que la première. Dans l'espèce proposée, si l'on a d'abord agi par l'action *pro socio*, on peut encore recourir à l'action de la loi *Aquilia* qui est donnée au double *adversùs inficiantem* ; de telle sorte que si l'associé poursuivi nie l'existence du *dammum injurià datum*, la condamnation prononcée contre lui sera double de la valeur indiquée dans *l'intentio* de la formule d'action, double de l'estimation du préjudice causé, sauf déduction de la condamnation déjà encourue à la suite de l'action *pro socio*.

Il peut encore arriver que l'action *pro socio* concoure avec l'action *furti* et la *condictio furtiva*. On peut diriger contre un associé l'action *furti* au sujet d'un bien de la société, s'il l'a détourné par dol ou par ruse. Pour que le détournement de la chose sociale par un associé constitue un vol, il est nécessaire qu'il ait été accompli avec

dol, autrement il ne donnerait pas lieu à l'action *furti*.
En effet, il faut présumer qu'un co-propriétaire, quand il
se sert de la chose commune, agit selon son droit, plutôt
que de lui supposer une intention frauduleuse. Mais
lorsque le vol existe, l'usage de l'action *pro socio* n'empêche pas d'exercer l'action *furti ;* car l'action *pro socio*
est *rei persecutoria,* tandis que l'action *furti* est pénale.
Au contraire il faudra renoncer à l'action *pro socio,* si
l'on a employé la *condictio furtiva* (car ces actions sont
toutes deux *rei persecutoriæ*), à moins cependant qu'on
puisse par l'une d'elles obtenir une condamnation plus
forte que celle déjà prononcée sur la première action.

Quelquefois enfin on aura le choix de diriger contre
un associé l'action *pro socio* ou une *condictio ex lege*.
Ulpien en donne un exemple dans la loi 52, § 10 : plusieurs associés sont co-propriétaires d'une maison qui
tombe en ruines, un seul d'entre eux restaure cette
maison; les autres demeurent inactifs et négligents. Cet
associé a deux partis à prendre : il peut réclamer la
somme détournée avec les intérêts à 12 0|0 pendant les
quatre mois qui ont suivi la reconstruction de la maison; alors il agira par la *condictio ex lege* que donne la
loi de Marc-Aurèle, et son payement lui sera assuré, par
préférence aux autres créanciers de ses associés, grâce
au privilége que comporte cette action. Ou bien, les
quatre mois expirés, il deviendra propriétaire de la maison rebâtie. Toutefois il peut agir par l'action *pro socio*
pour se faire payer ses dépenses, car on peut supposer
qu'il préfère son remboursement à la propriété de la
maison. Le discours qui précède la loi de Marc-Aurèle,

limite à la durée de quatre mois le cours des intérêts qu'il fixe à 12 0{0, parce que, passé ce délai, la loi transfère la propriété de la maison à l'associé qui l'a réparée.

Dans cette hypothèse, un associé peut se considérer comme propriétaire unique de la maison que jadis d'autres possédaient avec lui, la loi exproprie les associés négligents; mais il a encore le choix entre deux actions, la *condictio ex lege* et l'action *pro socio*. Par la *condictio ex lege*, il obtiendra le remboursement de son capital avec les intérêts à 12 0{0 pendant quatre mois, et au taux d'usage pour le reste du temps; par l'action *pro socio* il obtiendra la valeur que le juge fixera comme l'équivalent de son droit dans la société.

IX

DISSOLUTION DE LA SOCIÉTÉ.

Ulpien et Modestin indiquent de deux façons différentes les diverses causes qui peuvent amener la dissolution d'une société. Modestin se contente de citer : la
renonciation volontaire, la mort d'un associé, la *capitis
deminutio* et la pauvreté. Ulpien donne une véritable
classification des modes de dissolution *ex personis, ex
rebus, ex actione ;* un des associés vient à mourir ou à
changer de volonté, les choses sociales périssent, l'action
pro socio n'est plus possible ; dans tous ces cas la société
est dissoute.

Modes de dissolution ex personis. — La société est
dissoute quand elle est privée d'un de ses membres, et
cela peut arriver soit par la mort, soit par l'effet d'une
maxima ou d'une *media capitis deminutio.* Ainsi, la société, alors même qu'elle a été contractée par plus de deux
individus, se dissout par la mort d'un associé ; elle ne
continue pas entre les survivants ; à moins cependant,
qu'au moment du contrat, il ait été fait une convention
contraire, car dans toute société on peut valablement
convenir qu'elle persistera, même après la mort d'un associé, entre les associés survivants.

L'héritier de l'associé décédé ne prend pas sa place
dans la société, et même à l'origine on n'aurait pas pu

convenir que cet héritier prendrait dans la société la place de son auteur; une telle convention ne serait pas valable, c'est l'avis de Pomponius et d'Ulpien. On ne peut pas prolonger au delà de sa vie la durée d'une société, car on ne peut pas anéantir la liberté de ses dernières volontés, ni préférer un de ses cognats éloignés à des successibles de degré plus proche (loi 52, § 9).

Le motif que donne Ulpien de sa décision est excellent, voici quel en est le sens plus précis : deux individus contractent ensemble une société et conviennent qu'elle continuera d'exister après la mort de l'un d'eux entre le survivant et l'héritier de l'associé prédécédé; pour qu'une telle convention fût valable, il faudrait une désignation individuelle de celui qui sera associé éventuel en sa qualité d'héritier, car pour former un contrat de société, il est indispensable que le consentement porte sur la personne destinée à devenir associé. Or il est impossible de préciser avec certitude, quel sera au jour de son décès l'héritier de chaque associé; personne ne peut, en effet, renoncer à la liberté de sa dernière volonté, ni instituer un héritier déterminé sans se réserver la faculté de le changer dans l'avenir. C'est par ce motif que la convention dont nous nous occupons est absolument illicite.

Le sens des derniers mots de cette loi 52, § 9 : *Nec cognatum ulteriorem proximioribus præferre*, n'est pas aussi facile à expliquer. Pothier les commente ainsi : on n'est pas plus libre de se choisir un héritier testamentaire irrévocable, que de donner la préférence dans une hérédité légitime à un cognat de degré éloigné sur un héritier plus proche; la substance du testament exige que l'héritier institué ne soit pas imposé au testateur, de même que la substance de l'hérédité exige qu'elle soit dévolue à l'héritier du rang le plus proche. — Que signifie cette interprétation de Pothier? Assurément si on la considère isolément, elle n'exprime que des idées vraies et justes, mais il faut la rapprocher du texte qu'elle est destinée à expliquer, or le lien entre le texte et le commentaire nous semble aussi obscur, aussi difficile à saisir que l'explication même de la loi.

Voici les deux sens que l'on peut, suivant nous, attribuer aux expressions d'Ulpien : ou bien les derniers mots du § 9 ne font que reproduire l'idée précédemment exprimée : on n'est pas libre de faire un testament irrévocable, d'instituer un cognat éloigné d'une manière définitive et sans un retour possible en faveur de successibles plus proches. Ainsi compris, ces mots seraient un simple redoublement, un développement d'une seule et même idée. Ou bien le jurisconsulte a voulu prévoir le cas où l'associé qui stipule la continuation de la société avec son héritier futur, pour indiquer avec précision cet héritier, renoncerait à faire un testament et dirait : mon héritier présomptif est bien connu, c'est le plus proche de mes cognats. Cette convention ne ferait pas que cet associé décédé sans testament dût avoir pour héritier légitime le cognat désigné à l'origine de la société, si depuis cette époque, il lui est survenu un cognat à un degré plus proche; celui-ci ne se trouverait pas exclu par une semblable déclaration faite dans le contrat de société, ce résultat ne peut être atteint que par le moyen d'une institution d'héritier dans un testament. Cette dernière interprétation admet le principe posé par Pothier dans son commentaire.

L'impossibilité de stipuler qu'une société continuera après la mort d'un associé entre son héritier et les associés survivants n'existe pas dans les sociétés *vectigalium*. Par opposition à la société vectigalienne, où l'on peut convenir que l'héritier prendra la place d'un associé décédé, Ulpien appelle les autres sociétés : *voluntariæ societates;* cette appellation se justifie par le motif que dans celles-ci, pour devenir associé, il faut toujours le consentement propre de l'héritier d'accord avec tous les autres membres de la société.

Si donc il s'agit d'une société vectigalienne, l'héritier d'un associé décédé peut entrer dans la société à la place de son auteur, pourvu toutefois que cela ait été l'objet d'une clause spéciale du contrat de société. Il faut d'ailleurs consulter les circonstances, pour savoir si la société doit continuer et si la part du défunt doit passer à son héritier; il peut y avoir à cela des obstacles légitimes; la mort a pu frapper celui dont l'industrie était indispensable à la société, dont les talents avaient été le motif déterminant d'un contrat qui, dès lors, ne peut plus continuer entre les survivants. Il se peut encore que la société pouvant se passer de l'associé décédé, son héritier ne doive pas y être admis, si, par exemple, c'est une personne incapable.

Une autre différence doit être signalée entre les sociétés vectigaliennes et les autres espèces de sociétés : la société vectigalienne persiste après la mort d'un associé entre les survivants, indépendamment de toute convention, alors même qu'en formant le contrat rien de tel n'a été prévu ni stipulé. Dans les autres sociétés, le même effet peut, à la vérité, se produire, mais à la condition qu'il ait été d'avance réglé par une convention. La chose est licite dans toute société parce qu'elle n'entraîne aucune incertitude de personnes, les associés futurs se connaissent tous; sans doute ils ignorent lequel d'entre eux mourra le premier, mais ils sont bien certains qu'aucun étranger n'entrera dans leur association, et cela suffit à la validité de la convention que nous avons supposée.

Le principe que la mort d'un associé dissout la société, doit recevoir une restriction fondée sur la bonne foi. Si la mort de cet associé survient avant que le contrat ait reçu même un commencement d'exécution, et si l'objet de la société se réalise peu de temps après cet événement; si, par exemple, deux individus s'étant associés pour faire une acquisition, elle est opérée par l'un d'eux quelques jours après la mort de l'autre; il faudra pour se prononcer sur l'existence de la société lors de l'achat, user d'une distinction : l'associé acquéreur ignorait-il la mort de son co-associé, la société est réputée avoir existé; il en serait autrement si à l'époque de l'acquisition, cette mort avait été connue de lui (loi 65, § 10). Quant aux tiers qui ont traité avec le représentant de la société, s'ils ont de bonne foi ignoré la cause de la dissolution, ils auront l'action *institoria* contre l'associé survivant et contre les héritiers du défunt, quand bien même ces derniers seraient impubères (loi 11, *de institoriâ actione*).

Sans entrer dans la société, l'héritier de l'associé décédé succède à tous les droits acquis à son auteur au jour de sa mort. La société avait pour objet certaine acquisition ou location, toutes les conséquences de ces opérations, bénéfices ou pertes, même postérieures à la mort de l'associé, devront être supportées en commun par le survivant et l'héritier du prédécédé. Ils sont responsables l'un envers l'autre de tout ce qui a pour cause la société, du dol et de la faute de chaque associé dans la gestion des affaires sociales. Ce que l'associé défunt avait entrepris pour le compte de la société, son héritier doit l'achever en s'abstenant de tout dol à cet égard ; en effet, s'il n'est pas tenu des obligations d'un sociétaire, du moins il est tenu de celles qui incombent à tout communiste, et qu'exige la bonne foi. — Si les divers héritiers des associés ont l'intention de continuer la société de leurs auteurs, il se forme une convention nouvelle qui donne à chacun d'eux l'action *pro socio* pour les actes mêmes postérieurs au décès des associés originaires.

— La société se dissout par l'effet d'une *capitis deminutio* survenue en la personne d'un associé. La *capitis deminutio* est un changement opéré dans l'un des trois éléments qui constituent l'état du citoyen romain ; elle était dite *maxima* quand le citoyen perdait la liberté, *media* quand il perdait le droit de cité tout en conservant sa liberté, et *minima* quand il perdait seulement les droits de famille.

Dans le droit antérieur à Justinien, la *minima capitis deminutio* elle-même amenait la dissolution de la société, cela résulte de la généralité des termes employés par

Gaïus dans son troisième commentaire § 153; on assimilait à la mort toute *capitis deminutio*. Plus tard cet effet ne fut plus réservé qu'à la *maxima* et à la *media capitis deminutio*. Ulpien l'explique dans la loi 58, § 2 : un fils de famille a contracté une société, puis il a été émancipé par son père; si en fait les relations sociales ont persisté, constituent-elles une société nouvelle? Julien pense que c'est l'ancienne société continuée; car il faut considérer l'origine du contrat; mais l'associé de cet ancien fils de famille aura deux actions *pro socio :* une contre le père, une autre contre le fils; contre le père, pour tous les droits acquis au jour de l'émancipation, car il n'est pas responsable de ce qui est arrivé postérieurement à elle; contre le fils, pour toute la durée de la société. Et si l'associé du fils s'est lui-même rendu coupable de dol depuis l'émancipation, c'est au fils et non pas au père de famille que sera donnée contre lui l'action *pro socio.* — Dans cette espèce l'émancipation du fils de famille a opéré en lui une *minima capitis deminutio*, et cependant la société n'a pas été dissoute.

La dissolution ne résulte pas non plus de l'adrogation d'un associé : le citoyen qui adopte un associé *sui juris* n'entre pas à sa place dans la société, car on ne peut pas imposer un associé nouveau aux autres membres de la société, mais l'adrogé garde personnellement son titre malgré la *minima capitis deminutio* qu'il a subie.

La solution serait différente s'il s'agissait d'un associé esclave qui a été, postérieurement au contrat, aliéné ou affranchi. Les esclaves n'ont pas de personnalité, ils ne sont pas susceptibles de *capitis deminutio*, ils représentent seulement la personne de leur maître. Mon esclave, dit Ulpien dans la loi 58, § 3, est devenu l'associé de Titius, puis je l'ai aliéné et il est demeuré dans cette même société. Mon aliénation fait que la société originaire s'est dissoute et qu'il s'en est formé une absolument nouvelle. Aussi l'action *pro socio* appartiendra-t-elle respectivement à l'acquéreur de l'esclave et à moi; inversement elle sera donnée contre lui et contre moi, de telle façon que chacun de nous soit responsable du temps pendant lequel il aura été propriétaire de l'esclave associé.

— *L'aliénation mentale* d'un associé dissout la société, Justinien le dit à la loi 7, au Code *pro socio*. Mais cette dissolution n'a pas lieu de plein droit, il est nécessaire que le curateur nommé à l'associé atteint de folie y donne son consentement; il peut, pour l'intérêt de son administration, préférer la continuation de la société. Tel est bien le sens de la loi 7, mais elle porte en elle-même son correctif : il pourrait être très-préjudiciable aux autres associés de voir se continuer avec le curateur d'un fou, l'entreprise dont la réussite dépendait des talents de l'associé frappé de démence. Aussi Justinien, dans la même loi, annonce que les associés pourront valablement faire connaître au curateur qu'ils renoncent à la société. Sans doute la renonciation motivée par de telles circonstances ne pourra jamais être considérée comme frauduleuse ni intempestive, même si elle se produisait pendant le cours d'une société à terme, à cause de la bonne foi qui domine cette matière.

— Modestin (loi 4, § 1) et Ulpien (loi 65, § 1) indiquent une autre cause de dissolution de la société : *ege-*

tas, ce que nous appellerions en droit français la faillite ou la déconfiture d'un associé. Cet état existe lorsque tous les biens d'une personne ne suffisent pas à payer ses créanciers.

Les jurisconsultes s'expriment au sujet de cette disso-lution d'un façon générale, aussi doit-elle s'appliquer à toute sorte de société, même à la société *unius rei*, car elle est fondée sur la bonne foi et sur l'intention présu-mée des parties ; personne ne peut raisonnablement consentir à prendre pour associé un insolvable, afin de partager avec lui les bénéfices espérés, et de supporter seul toutes les chances de perte.

Gaius assimilait aussi à la mort d'un associé le cas de *bonorum venditio*, vente en bloc de tous ses biens, que cette vente eût lieu à la poursuite du trésor public ou d'un particulier (*Comment.* 3, § 154). Sous Justinien, la *bonorum venditio* n'existe plus, mais il reste la *publicatio* ou confiscation, qui suffit à dissoudre la société ; dans ce cas en effet, l'associé a un successeur universel absolu-ment comme s'il était mort. — Le même résultat est pro-duit par la *cessio bonorum* : elle consiste dans l'abandon de tous ses biens, consenti à ses créanciers par un asso-cié chargé de dettes qu'il ne pourrait pas payer intégra-lement. — Dans toutes ces hypothèses d'ailleurs, l'ancien associé conserve la capacité de contracter une société nouvelle.

Modes de dissolution ex rebus. — La société se dis-sout par la perte de son objet, ce qui arrive non pas seu-lement lorsque les choses que la société avait pour objet ont entièrement péri, mais aussi lorsqu'elles ont changé de nature et de condition, c'est-à-dire lorsqu'elles ont été mises hors du commerce. En effet, on ne peut pas davantage s'associer pour exploiter une chose qui est devenue religieuse et sacrée ou qui a été confisquée, qu'on ne le pourrait pour l'exploitation d'une chose qui n'a plus d'existence.

La réalisation complète de son but entraîne encore la dissolution de la société. Une société *alicujus negotiationis*, dit Ulpien, loi 65, § 10, se dissout en même temps que s'achève l'entreprise pour laquelle elle avait été contractée; l'opération que l'on s'était proposé de faire en commun étant consommée, la société n'a plus d'objet.

Ce mode de dissolution ne s'applique qu'aux sociétés particulières, et même si la société avait plusieurs choses pour objet, la destruction de l'une d'elles n'entraînerait pas nécessairement sa dissolution; elle aurait lieu seulement si l'objet qui a péri était indispensable à la continuation de la société, ou bien s'il constituait l'apport entier d'un associé. Dans ce second cas, il faudrait en outre que la perte fût survenue avant l'acquisition par la société de la propriété de cet apport, ou encore que la mise sociale comprît uniquement l'usage de l'objet péri. En effet, dans cette dernière espèce, les risques de la perte sont à la charge de l'associé demeuré propriétaire de son apport; et de sa mise qui consistait dans une obligation successive, il ne reste plus rien.

La société serait dissoute, même si elle avait acquis la propriété de la chose dont elle doit avoir seulement la jouissance; cela se présente pour les choses qui se consomment par l'usage. La seule différence entre cette hypothèse et la précédente, consiste en ce que les risques sont cette fois à la charge de la société, et en ce qu'elle demeure débitrice envers l'ancien associé d'une valeur équivalente à la propriété de son apport.

Dissolution par la renonciation des associés. — La volonté d'un seul associé, pourvu qu'elle ne soit ni frauduleuse ni intempestive, suffit à dissoudre la société. Tout contrat peut évidemment être anéanti par le commun accord des parties qui ont contribué à le former; il n'est pas nécessaire que cet accord des volontés pour dissoudre une société se manifeste expressément, il peut être tacite et résulter des faits; si les associés agissent individuellement avec l'intention de travailler chacun pour soi, il est certain que la société se dissout (loi 64). Dioclétien et Maximien disent dans le même sens à la loi 5 au Code *pro socio :* la société dure tant que la volonté de toutes les parties demeure la même.

Mais qu'arrive-t-il si un seul associé veut se retirer de la société ?

Il faut, pour donner quelque valeur à cette volonté, la produire sous forme de renonciation à la société. Si un esclave est entré dans une société, il ne suffira pas pour l'en faire sortir que telle soit la volonté de son maître, il faudra notifier une renonciation à son associé. Reste à savoir quels seront les effets de cette renonciation.

Cassius estime qu'un associé peut bien en renonçant affranchir ses co-associés des obligations qu'ils ont prises envers lui, mais qu'il ne peut pas s'affranchir vis-à-vis d'eux. Il ne faut pas donner à cette règle un sens absolu, elle est vraie seulement d'une renonciation frauduleuse. Prenons un exemple dans une société *unius rei :* nous nous sommes associés dans le but de faire ensemble une certaine acquisition, puis la fantaisie vous prend d'acheter seul, et pour cette raison vous déclarez renoncer à notre société; vous serez tenu de m'indemniser. Au contraire si votre renonciation a un motif légitime, si l'opération ne vous convient plus, vous ne serez pas obligé envers moi, car alors vous agissez de bonne foi.

On aurait pu croire que la société *unius rei* ou *alicujus negotiationis* ayant forcément une durée limitée à l'achèvement de l'entreprise sociale, il fallait, quant à la renonciation, l'assimiler à ce que nous dirons bientôt des sociétés à terme, celte loi 65 § 3 et 4 prouve qu'il n'en est rien.

La règle de Cassius déjà tempérée par la distinction de Paul, ne doit pas être appliquée avec rigueur, et le § 4 des Instituts (*de societate*) indique qu'il y faut apporter une restriction : si la renonciation d'un associé est frauduleuse parce qu'il l'a faite dans le but de conserver pour lui seul un bénéfice destiné à tomber dans la société, et s'il lui survient postérieurement un autre profit inespéré, sur lequel il n'avait pas pu compter, il ne sera pas tenu de le partager avec ses co-associés. Justinien expose cette doctrine au sujet des sociétés universelles, mais il est certain qu'elle serait applicable également à toute société *unius rei vel negotiationis* si le bénéfice inattendu a pour origine l'entreprise qui faisait l'objet de la société.

Outre la condition de bonne foi, la renonciation, pour

être parfaite, doit en remplir une seconde : elle ne doit pas être intempestive.

Il faut apprécier son opportunité d'après l'intérêt de la société et non d'après l'intérêt de l'associé renonçant. Un des associés veut renoncer à une époque où l'intérêt de la société sera compromis par sa dissolution; il s'expose à l'action *pro socio*, dit Paul d'après Labéon à la loi 65 § 5. Nous sommes associés pour la vente des esclaves, après que nos achats sont faits; mon associé renonce dans un moment où la vente se fera inévitablement à des conditions désavantageuses; il me cause donc un préjudice, j'aurai contre lui l'action *pro socio*. Proculus approuve cette doctrine, car on ne doit pas considérer en général l'intérêt particulier de chaque associé, mais bien l'avantage de la société. Telle est la règle qu'il faudra appliquer en l'absence de clause spéciale dans le contrat de société.

Pothier, d'après Cujas, donne de cette dernière phrase une interprétation qui choque le sentiment d'équité. La convention dont Paul suppose l'absence, disent ces commentateurs, serait faite en prévision du cas où la renonciation, sans être contraire à l'intérêt social, serait pourtant dommageable à l'associé contre la volonté duquel elle est faite; pour réparation de cette lésion personnelle, la clause stipulée accorderait contre l'associé renonçant l'action *pro socio*. Ainsi, à Rome, après avoir contracté une société, l'une des parties pouvait se retirer et porter impunément préjudice aux intérêts personnels des autres, pourvu que l'intérêt général de la société fût sauvegardé.

Est-il bien certain que cette interprétation soit conforme à l'idée des jurisconsultes romains ? Nous sommes disposés à en douter. Nous ne pouvons croire que dans un contrat essentiellement de bonne foi, l'une des parties puisse par caprice commettre un acte nuisible à l'autre sans encourir aucune responsabilité. La convention supposée par la fin de la loi 65. § 5 n'est pas celle que développent les commentateurs ; à notre avis, c'est bien plutôt la convention inverse, celle qui aurait eu pour but d'affranchir un associé de toute obligation à des dommages-intérêts envers son co-associé, le jour où par un motif quelconque il voudrait abandonner la société ; alors même que sa renonciation serait préjudiciable à l'autre, cet associé jouira de l'immunité stipulée.

Cette interprétation nous semble conforme au contexte de la loi, qui vient d'indiquer des cas où l'intérêt privé du co-associé s'étant trouvé lésé (*interfuit socii... quia deteriorem causam meam facis...*) il y avait lieu pour lui d'obtenir une réparation par l'action *pro socio*.

Nous avons jusqu'ici supposé que la durée de la société était illimitée ; dans le cas où la société étant contractée à terme, l'époque de sa dissolution est fixée d'avance, toute renonciation antérieure à cette époque est frauduleuse, à moins qu'elle soit motivée par une nécessité impérieuse. Si donc un associé renonce avant le terme indiqué, il libère son co-associé sans se libérer lui-même ; si dans l'avenir il se trouve des bénéfices réalisés, le renonçant n'y aura aucun droit ; s'il y a des pertes, il en devra supporter sa part. La renonciation redevient libre après le terme fixé pour la dissolution de la société, car alors elle peut se produire de bonne foi (loi 65, § 6).

On peut faire la renonciation aussi bien par un tiers que par soi-même ; mais suffit-il que le mandataire, pour renoncer à la société, ait un mandat général d'administrer tous les intérêts de l'associé, ou bien a-t-il besoin pour cela d'un pouvoir spécial ? Cette faculté appartient également au mandataire spécial et au mandataire général, à moins toutefois que le mandant ait, par une restriction, défendu de faire un acte de ce genre.

Le mandataire d'un associé peut donc faire une renonciation ; peut-il en recevoir une qui serait faite par l'associé de son mandant ou en son nom ? Paul dans la loi 65, § 8 répond affirmativement à cette question : Mon associé peut annoncer sa renonciation à mon mandataire ; seulement, l'associé dont le mandataire a reçu une renonciation à la société, peut la ratifier ou la méconnaître, c'était l'avis de Servius et d'Alfenus. Il est donc affranchi vis-à-vis du renonçant, mais il a le pouvoir de recourir contre lui s'il a agi sans bonne foi ni opportunité. Paul exprime encore la même idée dans la loi 17, § 1ᵉʳ : Primus renonce à la société pendant l'absence de son associé Secundus ; les bénéfices que fera Primus entreront dans la société, les pertes qu'il subira lui demeureront personnelles. Et, à l'inverse, ce que gagnera Secundus appartiendra à lui seul, ce qu'il perdra tombera par moitié à la charge de Primus.

Justinien, dans la loi 7 au Code *pro socio*, permet au curateur d'un fou de renoncer à la société dans laquelle ce fou était engagé, ou de recevoir les renonciations des autres associés; c'est un point qui avait fait doute dans l'ancien droit.

Peut-on valablement par un pacte joint *in continenti* au contrat de société, convenir qu'aucun des associés ne renoncera avant une certaine époque? Voici quelle est à cet égard l'opinion d'Ulpien, loi 14: Si les associés conviennent de laisser pendant un certain temps la chose commune dans l'indivision, cela n'entraîne pas pour eux défense de renoncer à la société. Mais si l'on fait de cette interdiction l'objet d'une clause formelle, sera-t-elle valable? Pomponius décide avec raison que cette disposition du contrat est nulle, car même en l'absence de toute convention, quand la renonciation est inopportune, elle donne lieu à un recours contre le renonçant par l'action *pro socio*. Et réciproquement, lorsque la convention existe, qu'un associé y contrevient et fait une renonciation avant l'époque fixée, elle peut cependant être légitime; on ne donnera contre lui aucune action *pro socio* si, par exemple, une des conditions sous lesquelles la société avait été contractée n'a pas été accomplie à son égard, si son associé est tellement dangereux et désagréable qu'il n'ait aucun intérêt à le souffrir, si on ne le laisse pas jouir de la chose commune. Il faudra décider de même, si l'associé est obligé de renoncer parce qu'il doit, à cause d'une fonction publique, s'absenter pour longtemps et contre son gré. Sans doute dans cette circonstance on pourra quelquefois lui reprocher de n'avoir pas confié à un mandataire ou même à son co-associé l'administration de la société; mais pour fonder ce reproche, il faudra que l'autre associé soit d'une capacité incontestable et que la gestion des affaires sociales par un tiers soit très-facile.

On peut, au contraire, valablement convenir qu'on restera pendant un certain temps dans l'indivision, à moins de motif légitime pour la faire cesser. Après une telle convention, chaque associé ne pourra ni vendre la chose sociale, ni d'aucune façon en provoquer le partage. On peut soutenir, il est vrai, que la vente n'est pas interdite, qu'elle engendrera une exception contre l'acheteur qui voudrait partager avant l'époque où son vendeur aurait pu le faire. Mais l'associé qui vend sa part contrevient à la convention, il ne reste pas dans l'indivision, on a contre lui l'action *pro socio*. Au surplus, les conventions de ce genre ne sont pas absolument libres, on ne pourrait pas stipuler que jamais aucun associé ne demandera le partage (lois 14, 15, 16, 17 *pro socio* et 14, § 2 *communi dividundo*).

La dissolution d'une société contractée sous condition résolutoire aura lieu forcément *et ipso jure* par la réalisation de la condition.

Quand une société est formée *ad tempus*, pour durer seulement jusqu'à une certaine époque, on serait tenté de croire que la dissolution devra nécessairement avoir lieu au terme indiqué ; il n'en est rien. La faculté de renoncer n'est pas aussi parfaite dans une société à terme que dans une société dont la durée est illimitée, nous l'avons dit au sujet de la renonciation inopportune ; le seul effet de l'arrivée du terme sera de rendre aux associés l'entière liberté de renoncer à la société.

Modes de dissolution ex actione. — Ulpien dans la loi 63, § 10, dit que la société se dissout *si actio interierit;* Paul dans la loi 65, *pr.,* indique également ce mode de dissolution : *actione distrahitur,* etc.

Il est difficile de bien comprendre le sens exact de ces expressions, Ulpien ne donne aucun développement à sa pensée, voici comment Paul s'explique : la société est dissoute *actione* lorsqu'une stipulation a nové les obligations nées du contrat, ou lorsque cette novation résulte d'une *litis contestatio.* Proculus est d'avis que le seul fait d'avoir introduit une instance pour obtenir la dissolution de la société implique renonciation de la part de l'associé demandeur.

L'idée de Paul est sans doute celle-ci : il n'y a plus de société quand il n'existe plus d'obligations sociales, or la novation est un mode d'extinction des obligations; dans l'espèce, les obligations nées de la société sont éteintes et remplacées par d'autres qui ont leur cause dans une stipulation; donc la société est dissoute. La stipulation supposée peut être contemporaine du contrat de société, elle peut y avoir figuré sous la forme d'une clause pénale, la loi 71 *pr.* nous en offre l'exemple : les associés sont convenus que si l'un d'eux refusait plus tard d'exécuter les obligations nées de la société, il serait tenu de payer à l'autre la somme de 20,000 sesterces. Si cette convention a été faite dans un esprit de novation, ce n'est pas à l'action *pro socio* qu'il faudra recourir pour obtenir le payement de la clause pénale, c'est à l'action *ex stipulatu.*

La novation peut résulter aussi d'une *litis contestatio.*

L'un des associés par l'exercice de l'action *pro socio*
amène l'extinction des obligations sociales, et les rem-
place par l'obligation née de la *litis contestatio ;* c'est
ainsi qu'on peut dire avec Paul : intenter l'action *pro
socio,* c'est dissoudre la société. Evidemment il ne s'agit
ici, que du cas où cette action embrasse l'ensemble des
opérations sociales et tend à une reddition générale des
comptes.

Tel est-il aussi le sens des expressions employées par
Ulpien ? Sa pensée ne semble pas être la même que celle
de Paul, c'est d'après lui la perte de l'action *pro socio* qui
amène la dissolution de la société. On peut pour concilier ces deux passages obscurs des jurisconsultes Paul et
Ulpien, dire qu'après la *litis contestatio* sur l'action *pro
socio,* l'associé demandeur a perdu cette action, que
désormais il agit en vertu d'un droit nouveau, résultat
d'une novation particulière, et qu'ainsi c'est bien à la
perte de l'action *pro socio* que répond la dissolution de
la société.

X.

LIQUIDATION ET PARTAGE.

Les Romains voyaient dans le contrat de société une communauté fraternelle bien plus qu'une affaire de lucre, ils considéraient l'union des personnes bien plus que l'union des choses ; c'est pourquoi dans les textes l'influence de la bonne foi est toujours invoquée comme règle fondamentale de ce contrat : *in societatis contractibus fides exuberat*, dit au Code la loi 3 pro socio : *quum societas jus quodammodo fraternitatis in se habeat*, dit Ulpien à la loi 63.

C'est encore pour ce motif, qu'à défaut de stipulation sur le partage des bénéfices, chaque associé est réputé avoir un droit égal, alors même que les apports auraient été inégaux, la loi 29 pr. le dit très-formellement. On a cependant contesté cette règle, et prétendu que le partage égal était réputé la volonté des parties dans le seul cas où les mises sociales étaient égales ; à l'appui de cette prétention on a cité les lois 6 et 80 *pro socio*. Mais il paraît certain que ces deux lois prévoient l'hypothèse où la fixation des parts est laissée à l'arbitrage *boni viri*. D'ailleurs, la loi 29 est générale, son sens apparaît encore plus clair par le contexte du § 1 qui suppose la stipulation d'une inégalité dans les parts. La présomption d'égalité résulte encore de cette circonstance que, dans aucun passage des lois romaines, on ne rencontre une détermination de la valeur pécuniaire que peut représenter un apport en industrie. Dans notre législation française, l'art 1853 du Code civil dit qu'à défaut d'autre convention, l'apport en industrie sera censé l'équivalent de l'apport en argent le plus faible ; cette fixation est nécessaire dans toute loi qui admet une répartition des profits et des pertes proportionnelle à l'étendue des apports, rien de tel ne se rencontre dans la législation de Rome.

Le partage est toujours précédé d'une liquidation ; cette opération consiste à déterminer exactement de quels biens la société est finalement propriétaire ou créancière ; elle comprend le recouvrement des créances exigibles, et le payement des dettes sociales échues. Quant aux actions qui ne sont pas encore susceptibles d'être intentées, comme elles seront un jour exercées par un des associés ou contre lui, il devra donner ou recevoir des fidéjusseurs pour assurer qu'à l'époque de l'exigibilité, tous les anciens associés mettront en commun les sommes perçues ou payées par l'un d'eux postérieurement à la liquidation.

Les Romains avaient l'habitude d'ajouter au contrat de société un règlement qui déterminât quel droit chaque associé aurait dans le partage. On peut valablement convenir que les parts seront inégales, que tel associé aura 2|6, tel autre 3|6 et le troisième 1|6 seulement, pourvu que l'inégalité des apports en industrie, en argent ou en toute autre valeur réponde exactement à cette inégalité des parts. Ulpien, dans la loi 29 pr., exige cette condition de l'inégalité des apports pour justifier celle des parts. Justinien, au § 1 de ses Institutes, *de societate,* affirme simplement la possibilité d'une semblable convention, il n'exige pas que dans tous les cas les parts soient proportionnées aux apports. Enfin, à la loi 30, Paul prévoit une autre sorte d'inégalité.

Mucius ne permettait pas qu'on stipulât pour un associé une part de bénéfices différente de la part qu'il supporterait dans les pertes. Servius Sulpicius était d'un avis contraire. Sans doute une telle convention sera nulle si elle nécessite un partage des bénéfices bruts, et sans déduction préalable des dettes; mais on peut valablement convenir que le partage final se fera inégalement entre les associés; qu'à la fin de la société, à la reddition des comptes généraux, quand de l'ensemble des opérations il résultera tant de pertes ou tant de bénéfices, tel associé prendra 1|3 des bénéfices nets ou supportera 2|3 des pertes, tandis que l'autre recueillera 2|3 des gains ou ne payera que 1|3 des dettes.

Paul se contente d'exprimer l'opinion de Servius Sulpicius, il semble qu'elle soit absolue et n'admette aucune condition. Mais nous trouvons la même doctrine reproduite au § 2 des Instituts (*de societate*), et Justinien la complète par des motifs qu'il paraît emprunter à Servius Sulpicius; il mentionne l'opinion de Quintus Mucius pour la repousser, il dit que celle de Servius Sulpicius a prévalu, et il en indique aussitôt le motif : on pourra convenir qu'un associé aura droit à 2|3 des bénéfices et 1|3 des dettes, que l'autre associé prendra 1|3 des profits et supportera 2|3 des pertes, parce que souvent l'industrie d'un associé a tant de valeur, qu'il est équitable de faire à celui dont elle constitue l'apport, une condition avantageuse. Il faudra donc, malgré le silence de Paul à cet égard, pour justifier une telle convention, que l'inégalité des parts soit proportionnelle à l'importance des apports.

Ulpien vient corroborer cette affirmation, car l'hypothèse qu'il rapporte dans la loi 29, § 1, n'est autre que celle dont nous venons de parler, mais poussée à l'extrême. Il permet de stipuler qu'un associé ne supportera aucune part des pertes, tandis que les bénéfices seront partagés également entre tous; mais il exige comme condition essentielle à la validité de cette clause, qu'elle soit justifiée par l'inégalité des mises; il faut en pareil cas, dit-il, que l'industrie de l'associé affranchi des pertes soit de telle valeur que, devenue sans profit pour celui qui l'a fournie, ce sacrifice représente la perte d'argent subie par les autres associés.

Justinien, à la fin de son § 2, *de societate*, cite aussi le même exemple comme conséquence logique de la solution qu'il a précédemment donnée, et il exige la même condition de validité qu'Ulpien.

Il est d'ailleurs toujours bien certain, qu'il ne s'agit pas de considérer les bénéfices résultant de telle ou telle négociation en particulier, il faut envisager l'ensemble des affaires sociales; il s'agit du partage final des bénéfices nets, et déduction faite de toutes les pertes. A la dissolution de la société, s'il se trouve 50 de gains et 20 de dettes, c'est 30 qu'il faudra partager, dont 20 appartiendront à Titius dans la première espèce des Institutes, et 10 à Seïus; s'il y a 50 de dettes et 20 de profits, c'est encore 30 qu'il faudra répartir entre les associés, dont 20 à la charge de Seïus et 10 à la charge de Titius.

On peut donc soutenir qu'il n'y a, entre les lois 29 et 30, *pro socio*, et les § 1 et 2 des Institutes aucune divergence; s'il arrive en deux endroits que Paul et Ulpien ne donnent pas le motif de leur solution là où Justinien le donne, et inversement, du moins les décisions sont parfaitement concordantes. Mais, à notre avis, il est plus juridique d'affirmer que le § 1 des Institutes et la loi 30 de Paul donnent une règle absolue puisqu'ils ne la subordonnent à aucune condition. Nous pensons qu'on pouvait à Rome très-valablement convenir que les parts des associés seraient fixées sans concordance avec les apports; la proportionnalité rigoureuse des mises et des parts sociales n'était pas exigée, elle n'était même pas de droit commun, et en l'absence de convention, quelle que fût l'inégalité des apports, le partage se faisait par parties égales. Cette doctrine est conforme à l'esprit de fraternité qui présidait en général à la formation du contrat de société en droit romain; elle est admise par Pothier et d'autres commentateurs. Il ne faudrait pourtant pas l'exagérer au point de valider la convention qui attribuerait tous les bénéfices à un seul des associés, à l'exclusion des autres, et laisserait à ceux-ci les chances de pertes; car ce serait rentrer dans le cas de société léonine.

On peut encore valablement convenir dans l'acte de société, que les parts seront ultérieurement réglées par une personne déterminée; dans ce cas les parties sont censées n'avoir voulu s'en rapporter qu'à la volonté d'un homme de bien. En nous associant, dit Proculus à la loi 78, nous sommes convenus que Nerva, notre ami commun, réglerait la part de chacun de nous dans la société. Nerva décide que vous aurez droit à un tiers et moi à deux tiers. Cette détermination doit-elle faire loi ? ou bien sommes-nous, malgré elle, associés pour parties égales ?

Je pense, dit Proculus, que là n'est pas la question, et qu'il faut plutôt se demander si la décision de Nerva ne doit pas être remplacée par celle d'un homme de bien. En effet il y a deux genres d'arbitrages : l'un auquel nous devons nécessairement obéir, qu'il soit juste ou inique, tel est celui qui résulte d'un compromis ; l'autre auquel nous sommes soumis seulement quand il a été confié à un *vir bonus*, alors même que l'arbitre aurait été nominativement désigné dans la convention. Aussi Proculus pense que, dans l'espèce proposée, il faut s'en remettre à l'arbitrage d'un homme de bien parce que la société est un contrat de bonne foi ; et que, si la décision de Nerva est manifestement contraire à l'équité, elle peut être rectifiée par une action de bonne foi.

Si dans l'acte de société, on a indiqué quelle personne serait chargée de fixer la part de chacun, et si cet arbitre vient à mourir avant d'avoir rendu sa décision, tout le contrat est nul, car l'existence de la société était subordonnée à une condition devenue irréalisable. D'ailleurs ce n'est pas seulement à un tiers que peut être confié le soin de fixer la part de chaque associé, ce peut être à l'un des associés comme à tout autre homme de bien.

DROIT FRANÇAIS.

DES ASSOCIATIONS COMMERCIALES EN PARTICIPATION

(Code de commerce, art. 11 à 50).

Les rédacteurs du Code de commerce ont toujours redouté de mettre des entraves au développement des affaires commerciales, en assujettissant à des conditions trop rigoureuses de légalité les conventions habituelles aux négociants. Cette préoccupation était sans doute légitime, mais elle a été exagérée au sujet de la réglementation des associations en participation; dans la discussion de cette matière, l'archichancelier Cambacérès disait au Conseil d'État : « Dans un Code de commerce, il convient d'éviter les règles trop précises. Sans cette précaution, la loi manquera souvent son effet. On abusera, dans l'usage, de la doctrine que le Code aura établie. Les véritables règles du commerce sont celles de la bonne foi et de l'équité; il faut bien se garder de les affaiblir par des règles trop positives qui, dans beaucoup de circonstances, en gênent l'application. L'art, dans les lois de cette espèce, est de poser des principes féconds en conséquences, et qui, dans l'exécution, ne résistent jamais à l'équité. »

Si le législateur de 1808 avait rempli toutes les conditions de ce programme, son œuvre serait parfaite; malheureusement il a commis un excès dans l'application du principe qui lui était recommandé : il y a dans les quatre articles qui concernent notre sujet, une telle concision, une telle généralité et si peu de précision, qu'il est difficile d'indiquer avec exactitude les caractères essentiels des associations commerciales en participation. Il en est résulté de nombreuses contradictions dans la jurisprudence, et de grandes divergences entre les auteurs.

On ignore si cette espèce de société existait en droit romain; les expressions de la loi 3, au Code *pro socio :* *Societatem participasse,* ne semblent pas indiquer une participation proprement dite; d'ailleurs on ne trouve nulle part dans les textes des règles particulières à cette sorte d'association, et l'on pourrait y assimiler la plupart des sociétés *alicujus negotiationis.*

L'arrétiste Straccha dit qu'elle est moderne ; en Italie, où elle a pris un développement considérable, elle était fréquente entre les commerçants, elle se pratiquait surtout pour l'exécution de nombreuses opérations du commerce maritime, pour la ferme et l'exploitation des impôts, enfin pour des spéculations improvisées, entre négociants qui se rencontraient sur des marchés et s'unissaient par des liens passagers, aussi facilement rompus que contractés.

Il fallait une forme d'association simple et rapide pour les opérations qui ne comportaient ni la complication, ni les formalités des sociétés anonymes, en nom collectif ou en commandite. Cette association offrait de plus aux capitalistes l'occasion de prendre part à des entreprises commerciales, sans révéler leur nom, et sans s'exposer aux difficultés qui peuvent surgir avec des tiers. Savary, dans son *Parfait Négociant*, disait d'elles : « Non-seulement les sociétés anonymes se font entre marchands et négociants, mais encore il y a des gens de qualité qui entrent avec eux, quand ils jugent qu'ils peuvent faire profiter leur argent considérablement dans la participation qu'ils y prennent. Elles ne leur sont point déshonorables, non plus que la société en commandite, n'y ayant point de gain plus honnête et plus légitime que celui-là, parce que l'on risque son argent, et qu'il y a toujours de l'incertitude s'il y aura à gagner ou à perdre. » Personne ne songe certes plus aujourd'hui à voir rien de déshonorant dans aucune association licite ayant pour objet une entreprise commerciale, mais les capitalistes qui livrent leur argent au commerce ou à l'industrie, n'aiment généralement pas faire figurer leur nom dans les sociétés dont ils sont membres, et l'association en participation se prête fort bien à cet incognito.

Avant de développer les règles spéciales aux associations en participation, nous devons exposer brièvement les principes généraux du contrat de société tel que le réglemente la loi civile, car les règles édictées par le Code Napoléon s'appliquent aux sociétés commerciales quand elles ne sont pas contraires aux usages du commerce (art. 1873, C. Nap.).

Le mot société, dans son sens légal, exprime la combinaison des capitaux, du travail ou de l'industrie que plusieurs personnes mettent en commun dans le but d'obtenir et de partager des bénéfices supérieurs à ceux que chacune d'elles pourrait acquérir si elle agissait seule.

Les éléments essentiels de ce contrat sont le consentement et la capacité de toutes les parties qui concourent à le former; un objet et une cause licite d'obligation; enfin en vertu de sa nature particulière, la réalisation d'un apport réciproque; l'existence d'un intérêt commun et l'espoir de bénéfices.

La volonté des parties contractantes est indispensable, sans elle il pourrait y avoir communauté, mais il ne saurait exister une société, or de nombreuses différences distinguent ces deux faits juridiques. La communauté crée un état passif dans lequel chacun agit pour soi, sans être obligé à rien vis-à-vis la chose indivise, sans rien devoir à ses co-propriétaires que le partage s'ils le demandent; elle peut naître d'un quasi-contrat, comme aussi elle peut être conventionnelle. La société établit au contraire, entre ses membres, des rapports qui engen-

drent des obligations multiples; ils doivent agir, administrer la chose commune et réunir leurs efforts pour faire
des bénéfices.

L'intention des parties est souveraine et peut seule créer
l'état de société. Le propriétaire d'un fonds de commerce
peut convenir avec un tiers, que moyennant un traite-
ment fixe de tant par an et un certain intérêt dans la
maison, par exemple 10 p. 0|0 sur les bénéfices nets, ce
tiers l'aidera de son industrie et de sa collaboration; dans
cette hypothèse, si la volonté des parties a été de faire un
contrat de société, le tiers dont il s'agit acquiert les droits
d'un associé véritable; mais si elles ont entendu faire
seulement un contrat de louage d'ouvrage, alors le propriétaire du fonds reste seul maître de sa chose, le tiers
devient un simple commis, il n'acquiert pas la qualité
de commerçant, et peut être congédié lorsque telle est
la fantaisie de celui qui emploie ses services.

Toute opération civile ou commerciale qui tend à la
réalisation d'un bénéfice honnête et licite peut être
l'objet d'une société; mais personne n'a le droit de s'associer pour mal faire et se livrer à des entreprises illicites. Une association ne peut pas être valablement formée pour l'exercice de la contrebande, pour la traite
des noirs, pour le prêt à usure, pour l'exploitation d'une
maison de jeu, pour les acquisitions de successions non
encore ouvertes.

Depuis longtemps on discute la question de savoir si
une société pourrait légalement être contractée pour l'exploitation d'un office ministériel : la controverse ne porte
pas sur la fonction, tout le monde reconnaît qu'une seule

personne peut en être chargée ; mais il semble que la finance de l'office soit comme toute autre valeur susceptible d'être mise en société. Cette distinction est illusoire, ces deux choses sont intimement liées, et la finance n'a de valeur que celle de la fonction ; l'officier ministériel est seul responsable envers l'autorité, son action ne serait pas libre s'il était exposé au contrôle d'un associé ; d'ailleurs cette association serait contraire en même temps, à la morale, car il ne faut pas que l'exercice d'une fonction publique devienne un mode de spéculation, et à la loi de finances du 28 avril 1816, qui, en conférant aux titulaires le droit de présentation, n'a cependant pas rétabli l'ancienne vénalité des charges.

Dans les différents cas que nous avons indiqués et d'une façon générale, l'effet de la nullité est d'empêcher qu'aucune obligation prenne naissance entre les parties à raison du contrat de société qu'elles ont essayé de former ; les prétendus associés n'auront pas d'action contre le gérant pour exiger de lui le partage des bénéfices acquis, et réciproquement le gérant ne pourra pas recourir contre les autres pour se faire indemniser des pertes qu'il aura subies. Cependant, si les bénéfices obtenus dans l'entreprise illicite ont été déjà mis en commun ou partagés, la partie qni les a seule réalisés ne pourra pas en demander la restitution à ses co-contractants, car de la convention qui est intervenue entre eux aucune action ne peut naître. Mais si l'apport promis a été effectué et réellement payé, l'action qui sera intentée pour le recouvrer sera recevable, car elle se fondera sur la nullité même du contrat.

Chacun des associés doit, d'une façon quelconque, contribuer à la richesse de la société et à l'acquisition des bénéfices ; toute valeur appréciable peut être l'objet d'un apport, que ce soit une somme d'argent, un immeuble, une industrie, une invention, ou même l'espoir d'une chose future.

Le crédit commercial d'un associé peut-il constituer à lui seul un apport suffisant ? C'est une question sur laquelle les auteurs sont divisés, elle est d'ailleurs sans intérêt dans l'étude que nous allons faire de la participation, car on ne donne à cette association aucune publicité, et les tiers ne connaissent que le participant avec lequel ils contractent. En général, nous pensons que si le crédit est accordé par un négociant, de telle façon que les associés gérants puissent en disposer comme d'un véritable cautionnement, il peut être considéré comme un apport réel ; cela se présente par exemple, quand un commerçant vient dire à ses futurs associés : ma solvabilité est notoire, je m'engage à payer, dans le cas où la caisse sociale ne pourrait pas le faire, jusqu'à concurrence de 100,000 fr., les obligations que vous contracterez au nom de la société. — Au contraire si la stipulation d'un crédit commercial est telle que les associés puissent seulement annoncer aux tiers pour obtenir leur confiance, que tel commerçant, qui a toujours avec une grande fidélité fait honneur à ses engagements, est membre de leur société ; nous pensons que cet apport n'a de valeur et ne peut être accepté que dans une société en nom collectif, mais non dans une société de capitaux, où la considération des personnes ne joue aucun rôle.

On peut donner à la société soit la pleine propriété, soit le simple usage de son apport, cette dernière hypothèse est expressément supposée par l'art. 1851, C. Nap. — La société doit être contractée dans l'intérêt commun de tous ses membres; la convention qui attribuerait à un seul d'entre eux la totalité des bénéfices, ou qui l'affranchirait de toutes les pertes possibles, constituerait une société léonine et serait déclarée nulle en vertu de l'art. 1855, C. Nap.

L'art. 1853 qui indique la nécessité légale de partager entre les associés les bénéfices réalisés, ne mentionne pas qu'il soit besoin aussi de partager les pertes éprouvées ; il imite en cela les définitions des auteurs anciens. Doneau ne jugeait pas cette addition nécessaire, parce qu'on s'associe uniquement dans le but de faire des profits et sans prévoir des pertes, parce que de plus, on peut valablement affranchir de toute contribution aux dettes un associé qui fait un apport en industrie, car il y aura toujours pour lui perte de temps et de travail s'il n'a pas de profits à recueillir. D'ailleurs, si le partage des bénéfices a été seul prévu dans le contrat, on devra partager les pertes dans la même proportion; cette décision est conforme à l'égalité et semble implicitement contenue dans la convention des parties.

Si les bénéfices de l'association doivent rester personnels à celle des parties qui les aura réalisés, il n'existe pas d'intérêt commun et par conséquent pas d'association. Ainsi la combinaison qui consiste de la part de deux laboureurs à se prêter mutuellement leur unique cheval pour les travaux de la terre (et qu'on désigne dans nos campagnes par cette locution : aller à Septier), ne constitue pas une société véritable, car les avantages qu'elle procure demeurent respectifs et ne sont pas mis en commun pour être ensuite partagés.

Le but des associés doit être la réalisation de bénéfices, et s'ils s'étaient proposé seulement d'éviter ou de réparer un dommage éventuel, ils ne seraient pas liés par un contrat de société proprement dit. Ainsi les assurances mutuelles ne constituent pas des sociétés, car leur exploitation n'est pas dirigée en vue d'un gain ; des règlements d'administration publique leur donnent, à la vérité, le nom de sociétés, elles sont autorisées par des ordonnances et des décrets comme les sociétés anonymes ; le motif en est que l'organisation et le but de ces compagnies intéressent l'ordre public.

L'assurance à prime au contraire peut être l'objet d'une vraie société, car les deux qualités d'assureur et d'assuré ne se rencontrent plus dans les mêmes personnes, et il se peut que l'assureur gagne l'excédant des primes perçues sur les indemnités à payer.

Des rentiers conviennent parfois que les survivants d'entre eux percevront les rentes des prédécédés ; ces associations connues sous le nom de *tontines* ne sont pas des sociétés, car elles ne tendent à réaliser aucun bénéfice, et la somme de leurs capitaux demeure invariable. L'association conjugale n'est pas non plus une société parce que le partage des conquêts de communauté n'est pas son but, et qu'elle est bien plutôt une union des personnes que des intérêts.

7

Nos codes prévoient et réglementent diverses espèces de sociétés : universelles ou particulières, civiles ou commerciales. Parmi les sociétés universelles on distingue 1° la société de *tous biens présents*, elle comprend tous les biens meubles ou immeubles dont les parties sont propriétaires au jour du contrat, les profits auxquels ces biens donnent lieu, même tous les autres gains, et la jouissance seulement des biens qui adviennent aux associés par succession, donation ou legs (art. 1837, C. Nap.). La propriété de ces derniers biens est exclue de la société, parce qu'elle constituerait une mise sociale trop incertaine, et qu'en général la loi n'aime pas les conventions sur biens à venir ; — 2° la société *de tous gains*, elle se compose de tous les bénéfices que feront les associés par leur travail, de tous leurs meubles présents et de la jouissance seule de tous leurs immeubles actuels.

Les sociétés particulières ont pour objet des choses ou des entreprises individuellement déterminées ; elles se subdivisent d'après la nature de leurs opérations en sociétés civiles et sociétés commerciales. La société est commerciale, quand elle a pour objet l'une des opérations indiquées aux art. 632 et 633, C. com. Elle est civile quand la spéculation commune a pour objet tout autre chose qu'un acte de commerce ; telles sont les associations syndicales des propriétaires pour exécuter des travaux d'améliorations agricoles, les compagnies immobilières, les compagnies formées pour l'exploitation des mines (loi du 21 avril 1810, art. 32). Enfin, les sociétés commerciales se subdivisent elles-mêmes en sociétés anonymes, sociétés en nom collectif, sociétés en commandite et associations en participation. C'est de ces dernières que nous allons désormais nous occuper exclusivement.

I

CARACTÈRES DES ASSOCIATIONS EN PARTICIPATION.

Notre Code de commerce en réglementant les associations en particicipation n'a pas créé une institution nouvelle; il a maintenu ce qui existait dans l'ancien droit sous le nom de société anonyme, et dont Savary disait dans son *Parfait Négociant :* « Elle s'appelle anonyme parce qu'elle est sans nom et qu'elle n'est connue de personne, comme n'important en façon quelconque au public. » Le mot *particeps,* dans le droit italien, indiquait tout associé ignoré du public, qui ne se révélait pas dans la gestion de la société, et qui avait droit seulement d'exiger un compte final et une part des bénéfices lors de la dissolution.

La jurisprudence italienne traite les participants tantôt comme de vrais associés, tantôt comme de simples bailleurs de fonds; Casaregis parlant des commanditaires, les assimile aux participants et dit : *Commandantes non sunt socii, neque in jure formali, negotii considerantur condomini, sed solum sunt participes.* Et au contraire Straccha, Rote de Gênes, décision 46, s'exprime ainsi : *Hæc duo nomina, socius et particeps, in alio non dissentiunt quàm in nomine; effectu enim in omnibus sibi invicem concordant.* On ne saurait en effet affirmer d'une façon absolue que le participant est un associé ordinaire, et nous verrons bientôt qu'on a pu avec raison dire de lui : *Socius quidem, sed non per omnia socius.*

Diverses locutions servaient dans l'ancien droit à qualifier l'association dont nous parlons; on l'appelait société anonyme, compte en participation, compte à demi. Cette multiplicité de locutions révèle des nuances entre les contrats qu'elles désignent, et Savary indique en effet quatre formes différentes d'association.

Comme exemple de compte en participation, il cite un négociant qui trouvant une occasion favorable, voudrait faire l'acquisition de certaines marchandises pour les revendre avec avantage, mais il n'a pas d'argent et ne peut pas acheter; alors il propose successivement à plusieurs individus de se les associer dans l'heureuse opération qu'il entreprend, moyennant l'avance du prix dont il a besoin; les bailleurs de fonds ne se connaissent pas entre eux, on leur a offert uniquement une part dans les bénéfices espérés; ils ne doivent aucune coopération personnelle; leur droit se borne à une action contre leur emprunteur pour obtenir le compte final de l'entreprise.

Savary indique trois autres formes d'association en compte à demi; la seconde est celle que forment habituellement dans les foires et marchés des grandes villes les marchands qui s'y rendent pour faire leurs provisions. Ils précisent l'espèce et la quantité des marchandises dont ils ont besoin, s'entendent pour agir isolément et sans concurrence réciproque afin de ne pas suracheter, et conviennent qu'après avoir chacun de son côté effectué leurs achats, ils mettront tout en commun pour en faire des lots et se les partager.

Le troisième genre d'association est l'inverse du second, il se forme entre les commerçants qui veulent débiter leurs marchandises dans les foires ; ils accaparent tout ce que peuvent avoir les petits négociants et conviennent de ne pas revendre à moins d'un prix élevé, et de partager ensuite leurs bénéfices. De cette façon ils forcent les acheteurs à accepter leurs conditions ou à repartir sans rien acheter ; ces conventions créent de véritables monopoles, elles sont contraires au bien public, renversent l'économie du commerce et ne seraient pas tolérées de nos jours.

Enfin Savary cite cet exemple de la quatrième manière de s'associer en participation : des négociants constatent en France une disette de blé, tandis qu'il est en grande abondance à Dantzic : ils conviennent qu'un seul d'entre eux fera le voyage, les achats et la revente pour le compte de tous les autres, et qu'après la liquidation finale les bénéfices seront partagés également entre toutes les parties contractantes. — Un seul caractère est commun à ces quatre hypothèses, c'est l'unité d'objet ; elles supposent toutes qu'il s'agit d'accomplir une seule opération déterminée.

L'ordonnance du commerce de 1673 ne parlait pas, dans son titre 4° consacré aux sociétés, de l'association en participation ; cependant cette institution était connue, elle était même pratiquée souvent à l'occasion d'opérations maritimes, et en Italie pour la ferme des impôts ; mais elle était étrangère à l'intérêt public, c'était un arrangement secret entre quelques négociants, et le silence de l'ordonnance s'explique autrement que par l'oubli.

Le Code de commerce consacre quatre articles seulement (art. 47 à 50) aux associations en participation, et cette insuffisance de réglementation oblige à compléter la loi par des documents tirés de la jurisprudence et de la législation anciennes.

Notre première préoccupation doit être de rechercher si la participation constitue une société proprement dite, car dans l'art. 19, C. com., « la loi reconnaît trois espèces de sociétés commerciales, la société en nom collectif, la société en commandite, la société anonyme; » elle ne mentionne pas la participation et n'en parle pour la première fois qu'à l'art. 47. Pourquoi cette association n'a-t-elle pas été considérée comme un quatrième genre de société ?

La réponse se trouve dans les travaux préparatoires; lors de la discussion au conseil d'État, Treilhard proposa la question; Regnaud de Saint-Jean-d'Angély répondit « qu'il s'agissait dans l'art. 20 (du projet, art. 19 du Code) des sociétés formées pour une suite d'opérations, et que la société en participation n'était qu'une association pour une affaire d'un moment. » Bérenger ajouta « que ces deux espèces de sociétés sont d'une nature tellement différente, que deux sociétés permanentes pouvaient contracter ensemble une société en participation sans se fondre l'une dans l'autre. » (Séance du 14 février 1807).

Enfin on répétait aux sections réunies du tribunal, dans la séance du 20 mars 1807, « que l'association en participation n'est qu'un marché d'un moment, relatif à quelque opération passagère; et qu'en cela elle diffère de la société dont le lien plus durable forme entre les associés une communauté d'intérêts continue. Pour mieux faire ressortir à cet égard l'intention et les motifs de la loi, on pense que cet article et tous ceux où il est question des associations en participation doivent être reportés à la fin du titre, pour former comme une classe à part ; de sorte que l'on aura de suite et sans confusion, d'abord tout ce qui regarde les sociétés indiquées par l'art. 20 (du projet), et ensuite tout ce qui concerne les associations en participation. »

Dans l'esprit du législateur la participation constitue donc un contrat distinct de la vraie société : il faut préciser quels sont ses caractères et ses éléments essentiels. « Ces associations sont relatives à une ou plusieurs opérations de commerce » dit l'art. 48 ; mais rien n'empêche qu'une société ordinaire ait ces mêmes opérations pour objet, la convention des parties est, à ce point de vue, parfaitement libre, et si elle réunit toutes les conditions ordinaires de la société proprement dite, s'il a été stipulé que les biens mis en commun formeraient un capital social dont un associé aurait la gestion, s'il a été décidé que chacun serait co-propriétaire des biens de l'association, assurément cela constituerait un véritable contrat de société, soumis aux formalités édictées par la section 1re du titre des sociétés.

L'objet d'une association en participation pourrait donc devenir l'objet de toute autre société, mais on ne pourrait pas dire que, réciproquement, la participation pourrait en tous les cas se substituer à une autre sorte de société. Elle doit avoir pour objet une seule affaire, ou bien si elle embrasse plusieurs opérations, ces opé-

rations doivent être distinctes et isolées les unes des autres, sans aucun lien qui les unisse entre elles ; tandis
que la vraie société peut comprendre une série d'opérations successives, liées ensemble, ce qu'on appelle une
branche de commerce.

L'art. 50, C. com., dispense les associations en participation des formalités exigées pour les autres sociétés ;
le principal effet de cette disposition est d'affranchir la
participation de toute publication. Deux motifs ont déterminé le législateur à édicter cette dispense : la sim-
plicité de l'objet habituel de ces associations et la considération de l'urgence, car elles sont le plus souvent
contractées pour recevoir une exécution immédiate.
Puisque rien ne révèle au public l'existence de la participation, les tiers qui contractent avec l'un des membres
de l'association ignorent ou sont censés ignorer que leur
engagement doit profiter à d'autres que leur co-contrac-
tant. Les participants étrangers à l'opération ne peuvent
actionner personne, ni être eux-mêmes actionnés au
nom de la société, ils ont uniquement le droit de demander le compte final et la communication des bénéfices
réalisés.

Afin de préciser la nuance qui distingue les sociétés
ordinaires des associations en participation, on pourrait
dire en résumé : Dans une vraie société, toute l'affaire
réside en la personne de chaque associé, l'obligation de
l'un engage les autres, tout est commun entre eux. Au
contraire dans la participation, tout est individuel, chacun agit pour soi, la fusion des intérêts n'est pas actuelle,
les biens sociaux sont réputés appartenir à celui qui les

détiqnt; l'union est essentiellement occulte et la communauté ne commence qu'au jour de la dissolution.

La seule analogie entre ces deux contrats est dans le but à atteindre qui est toujours la réalisation des bénéfices communs; les différences principales consistent dans le moyen d'obtenir ce résultat, dans l'absence de mandat réciproque entre les associés, et de publicité, enfin dans l'individualité de l'action. Aussi l'association en participation ne comporte-t-elle ni siége, ni raison, ni signature sociale, et nous allons voir maintenant qu'elle ne constitue pas une personne morale.

II

ELLE N'EST PAS UN ÊTRE MORAL.

La personnalité de l'association en participation a soulevé une vive controverse qui divise les auteurs ; cette divergence d'opinions a pour cause principale l'incertitude des caractères propres à cette association.

Pour soutenir qu'elle constitue un être moral, on est obligé de la considérer comme une vraie société, et pour fonder cette doctrine, on s'appuie sur le texte même de la loi, sur ces mots de l'art. 47 : *indépendamment des trois espèces de sociétés ci-dessus*, etc., et sur l'opposition que fait l'art. 50 avec les *autres sociétés*. On dit qu'au fond, rien ne distingue cette association d'une société proprement dite, que la définition de la société donnée par l'art. 1832, C. Nap., s'applique parfaitement à la participation ; que la seule différence indiquée par les art. 47 à 50 réside dans les formalités. La mise sociale, la réalisation d'un apport commun et le dessaisissement de celui qui l'effectue sont les caractères de la vraie société et de l'être moral, or ils se rencontrent dans la participation. Par suite, en vertu du principe général de l'art. 1856, C. Nap., le gérant de cette association peut disposer du fonds social, obliger ses co-associés, et s'il vient à être déclaré en faillite, les simples participants peuvent en qualité de co-propriétaires revendiquer contre la masse les biens de l'association.

Sans doute l'absence de publicité sera pour les tiers une source de graves inconvénients, mais l'autorité de la loi doit l'emporter sur cette considération ; d'ailleurs à Rome, où les sociétés étaient clandestines, leur personnalité était cependant reconnue (loi 5, §§ 15 et 16, *de tributorid actione*) ; et dans notre droit français, les sociétés civiles qui demeurent occultes, sont, dans l'opinion de nombreux auteurs, des personnes morales. La participation a quelques règles spéciales, mais cela n'empêche pas qu'elle soit une espèce du genre société, dans le sens que donne à ce mot le titre 3 du livre Ier du Code de commerce.

Au surplus, les conséquences de la personnalité sont conformes à l'équité : les tiers dont la créance a pour cause un intérêt social doivent être préférés sur l'actif de la société aux créanciers personnels des participants ; il est équitable qu'ils puissent assigner leurs débiteurs au siége principal de l'association.

M. Pardessus développe une opinion moins absolue, il distingue suivant qu'il s'agit des participants entre eux ou de leurs rapports avec les tiers. A l'égard des participants, l'association constituerait une personne civile, car elle leur est bien connue et pour eux elle présente de grandes analogies soit avec la société en nom collectif, soit avec la commandite. Au contraire, vis-à-vis des tiers, il n'y aurait pas d'être moral ; car ils ignorent l'existence de l'association, ils ne connaissent que la partie avec laquelle ils ont traité, et s'ils parviennent à découvrir les autres participants, ils n'ont contre eux qu'une action indirecte, celle qu'aurait leur propre débiteur pour demander compte des opérations sociales.

La première partie de cette doctrine est fausse, car les associés peuvent fort bien ne pas se connaître tous, cela se présente dans l'exemple proposé par Savary comme type d'un compte en participation, quand un négociant offre successivement à plusieurs individus de les associer pour un quart aux résultats de son entreprise. De plus ce système n'a aucun avantage, car la personnalité ne profite en général qu'aux tiers créanciers de la société; or, au cas de faillite d'un participant, il admet les créanciers personnels du failli à partager la totalité de ses biens en concours avec les créanciers sociaux, sans leur donner aucune préférence sur les biens propres à l'association.

Comment enfin concilier ces deux idées incompatibles? d'une part les participants sont co-propriétaires des biens de la société, et si l'un d'entre eux tombe en faillite, les autres peuvent revendiquer leur part dans ces biens; mais d'autre part cette revendication serait dirigée contre des tiers auxquels la personnalité n'est pas opposable, qui croient leur débiteur unique propriétaire des biens qu'il possède, et ne reconnaissent aux prétendus participants que le droit de demander un compte final, et de figurer à la masse de la faillite pour le montant des sommes dont ils seront crédités par ce compte?

Notre conclusion est que ces différents systèmes méconnaissent les vrais principes qui réglementent la participation, et que cette association ne constitue en aucune façon un être moral. Il n'est pas vrai de dire qu'elle soit une société commerciale dans le sens de l'art. 19 C. com., nous l'avons déjà démontré; l'art. 48. C. com., lui donne un caractère propre, en indiquant que tout commerce n'est pas susceptible d'être l'objet d'une telle association, et l'absence de formalités édictée par l'art. 50 fait qu'il n'y a pas de société apparente et extérieure.

Sans doute, il y a des mises sociales, mais il n'y a pas de patrimoine social, et chacun est censé unique propriétaire des objets qu'il détient, quand même ils seraient destinés à la spéculation commune. Un associé qui s'oblige ne représente pas ses co-associés, il n'a reçu d'eux aucun mandat, il traite en son nom, il existe seul aux yeux des tiers, il devient leur créancier ou leur débiteur unique, seul il peut les actionner ou être actionné par eux ; aussi est-il juste qu'à sa faillite, tous ses créanciers aient un droit égal.

Si la société était une personne morale, ayant son gérant et ses propriétés, les tiers auraient intérêt à la connaître ; quelle raison spéciale l'aurait fait dispenser de publicité ? Il arriverait, dans l'état de notre législation, que le gérant de la participation tromperait les tiers sur sa fortune ; les richesses destinées à l'entreprise sociale seraient réputées lui appartenir en propre ; il abuserait de son crédit pour contracter des obligations personnelles, et quand il aurait dissipé tout le produit de ses emprunts, il déroberait aux poursuites de ses créanciers les biens de la participation ; il démontrerait l'existence de cette association par le moyen d'une preuve quelconque, facile à improviser au besoin ; puis il distribuerait tout son actif aux créanciers sociaux ou à ses co-participants, et deviendrait insolvable pour ses créanciers personnels.

Comment savoir d'ailleurs si le gérant a contracté pour lui seul ou pour le compte de l'association ? Si ses créanciers sont personnels ou sociaux ? Si l'emprunt a été employé ou non aux affaires sociales ?

Il ne peut y avoir de personne morale sans publicité donnée a la société; publier l'existence de la participation serait la priver de son principal et plus précieux avantage, et rendre difficile son application prompte aux cas urgents ; ce serait aussi une impossibilité insurmontable, car, dit Savary, « ces associations finissent quelquefois le même jour qu'elles sont faites. »

Il est inexact de dire qu'en droit romain, les sociétés, bien qu'elles fussent clandestines, constituaient des personnes morales; cette qualité ne pouvait être conférée que par une loi, un sénatus-consulte ou une constitution impériale, et Gaïus dit : *Paucis admodùm in causis concessa sunt hujusmodi corpora (quod cujusc. univ.,* loi I, pr.). Quant aux sociétés civiles dans notre droit, rien n'est plus incertain que leur qualité d'être moral.

Nous repoussons aussi l'objection proposée par M. Bravard, en faveur de la personnalité des participations ; d'après ce savant professeur, l'art. 47 leur a conféré le caractère de personne morale ; et la reconnaissance légale de ces associations ne se comprendrait pas, si elles étaient envisagées comme un simple contrat ordinaire. D'après nous, l'art. 47 a une tout autre signification, et cependant il n'est pas inutile. Si le Code avait imité le silence de l'ordonnance de 1673, on aurait pu s'imaginer que toute association ayant un objet commercial, quelle que fût d'ailleurs la nature de cet objet, devait se constituer d'après les règles édictées pour les sociétés en nom collectif, anonymes ou en commandites; le législateur, en adoptant l'art. 47, a évité cette erreur, il a averti les négociants qu'ils pourraient s'associer, sans aucune formalité spéciale, quand le but de leur association rentrerait dans la définition de la participation.

La loi, dans quatre articles, indique quelles différences elle établit entre la participation et les sociétés dont elle vient de s'occuper ; cela répond à l'argument du texte invoqué dans le sens de la personnalité, et justifie ces expressions de l'art. 50 : *autres sociétés* ; c'est une formule de style sans importance et uniquement destinée à faire comprendre en peu de mots la pensée des rédacteurs du Code.

Le 19 mars 1838, la Chambre civile a, dans un arrêt de cassation, résumé dans des termes précis la doctrine que nous venons d'exposer : « Attendu que si l'on peut considérer comme des êtres moraux les sociétés commerciales comprises dans l'art. 19, C. com., sous le nom de sociétés en nom collectif, sociétés en commandite, sociétés anonymes, c'est parce qu'elles sont accompagnées de formalités qui les font connaître au public, et sont représentées par une raison sociale au nom et pour le compte de laquelle se font tous les actes ; qu'il n'en peut être de même des associations en participation, qui, d'après les usages du commerce et l'ordonnance de 1673, auxquels il n'a pas été innové, n'ont aucune publicité, et dont la chose sociale, relativement aux tiers, est légalement la propriété de l'associé administrateur.... »

Les conséquences de notre doctrine sont d'ailleurs

moins fâcheuses qu'il pourrait sembler tout d'abord ; si l'un des participants vient à être déclaré en faillite, les créanciers sociaux n'exerceront, à la vérité, aucun droit de préférence sur ses créanciers personnels même à l'égard des objets destinés à l'opération commune; mais cette égalité est juste, car tous ont dû compter sur la même garantie, et pour tous la solvabilité apparente de leur débiteur était la même.

Les co-participants n'auront pas le droit de revendiquer contre la masse les biens de la participation, car cette distinction compromettrait le droit des tiers; ils obtiendront seulement un dividende proportionnel aux sommes dont ils auront été reconnus créanciers dans le compte final; cela est encore juste, car ils doivent s'imputer à eux-mêmes la faute d'avoir pris un associé incapable ou malhonnête.

Enfin, les tiers n'ont aucun besoin de connaître un siége social pour y assigner leur débiteur, car le plus souvent ils auront traité avec un seul des participants, et ils l'assigneront sans difficulté devant l'un des tribunaux indiqués par l'art. 420 du Code de procédure civile « devant le tribunal du domicile du défendeur, — devant celui dans l'arrondissement duquel la promesse a été faite et la marchandise livrée, — devant celui dans l'arrondissement duquel le payement devait être effectué. »

III

OBJET DE L'ASSOCIATION.

L'association en participation peut comprendre plusieurs opérations, pourvu qu'elles soient isolées, distinctes les unes des autres, et qu'elles ne créent pas une continuité d'intérêts ; mais s'il s'agissait d'opérations successives, liées entre elles, constituant véritablement une branche de commerce, elles pourraient bien devenir l'objet d'une société ordinaire et non d'une participation.

L'importance de l'entreprise n'empêche pas qu'elle puisse être accomplie par une participation ; on peut par exemple, s'associer de cette façon pour acheter et revendre tous les sucres, tous les cafés arrivés au Havre pendant telle journée ; des banquiers peuvent former une association de cette sorte pour soumissionner tout un emprunt, puis revendre à profits communs les titres à la Bourse. Néanmoins, il est souvent difficile d'apprécier si telle ou telle exploitation est susceptible d'entrer dans une association de ce genre, et il en résulte de fréquentes contradictions dans la jurisprudence ; aussi devons-nous envisager une à une des hypothèses particulières, et examiner si l'on pourrait légalement les comprendre dans une participation.

Les opérations du commerce maritime sont l'objet le plus ordinaire des associations en participation, leurs

combinaisons sont variées et multiples. Un négociant de
Marseille pense réaliser des bénéfices en achetant, pour
la revendre en détail, la cargaison d'un navire récemment entré dans le port de cette ville, mais une telle acquisition est trop importante pour qu'il ose en courir
seul toutes les chances, et il demande à des tiers leur
participation; il propose à un commerçant de Paris
d'abord, puis à un commerçant de Lyon, un tiers dans
les résultats bons ou mauvais de l'opération, et ils acceptent. Le négociant de Marseille qui a eu l'initiative
de l'entreprise agit seul, il achète et revend sans annoncer qu'il a des associés, et quand la revente est effectuée, il présente un compte final dans lequel chacun
des participants soutient ses intérêts, et prend la part
convenue des bénéfices. Cette association peut être aussi
motivée par l'impossibilité dans laquelle se trouve le
négociant de Marseille, de payer avec ses seules ressources la cargaison tout entière, il demande alors aux marchands de Paris et de Lyon un secours pécuniaire
moyennant lequel il les intéressera pour une portion
déterminée dans son entreprise.

L'opération peut se présenter encore sous une autre
forme : un armateur du Havre équipe un navire pour
exporter des produits français, il cède le plus souvent à
son capitaine une certaine part d'intérêt dans le chargement, ou bien il offre à un tiers une portion déterminée dans les résultats de l'expédition; la vente à l'étranger se fait soit au nom du capitaine, soit au nom de
l'armateur seul; quand l'opération est achevée, on fait
un partage proportionnel des bénéfices, après avoir tout

d'abord prélevé les frais d'expédition, de transport et d'achat.—Les associés peuvent convenir que le navi arrivé à sa destination, et après avoir vendu sa cargaison française, fera un nouveau chargement à l'étranger pour l'importer en France; on stipule l'espèce de marchandises qui seront achetées par le capitaine, et cette seconde opération étant bien distincte de la première, n'empêche pas que les parties aient pu valablement faire une participation à ce sujet: c'est l'équivalent de ce qu'on appelle dans le commerce de terre la voiture et contre-voiture.

L'exploitation d'un théâtre ne saurait être l'objet d'une association en participation, « puisqu'elle n'aurait pas pour objet une ou plusieurs opérations déterminées, mais l'exploitation d'une branche de commerce établissant entre les associés une communauté d'intérêts continue. » La Cour de Paris l'a ainsi jugé dans un arrêt du 20 janvier 1841 confirmant un jugement du tribunal civil de la Seine du 9 juillet 1840.

La même décision doit, par les mêmes motifs, s'appliquer aussi à l'exploitation d'un établissement de bains. L'objet de cette société est évidemment un commerce qui nécessite une succession d'actes, une continuité incompatible avec la participation.

Dans l'espèce jugée par la Cour de Paris le 19 février 1822, et par la Cour de cassation le 5 juillet 1825, l'entreprise d'un établissement de bains avait été limitée à une durée de treize ans, mais cette limitation elle-même est exclusive de l'idée d'une participation; la durée d'une telle association se règle sur le fait qui en est l'objet, et

non sur la stipulation des parties, elle a nécessairement
pour terme l'achèvement de l'opération entreprise.

Nous ne pensons pas d'une façon absolue, comme
M. Delangle (sociétés commerciales n° 211), que le terme
stipulé par les parties soit toujours inutile à prévoir;
sans doute si le but de l'association est atteint avant
l'expiration du délai fixé, la participation sera dissoute.
Mais dans le cas contraire, si, à l'arrivée du terme indiqué, l'opération n'était pas achevée, nous estimons que
l'un quelconque des participants aurait le droit de réclamer les comptes et la liquidation, sans attendre l'achèvement de l'entreprise.

L'hypothèse dont nous parlons ne peut pas faire l'objet
d'une participation, car elle présente la nécessité d'actes
successifs, liés entre eux; et, de ce que « la convention
est purement spéciale, » il ne faut pas conclure, comme
l'ont fait les deux arrêts précités, qu'elle puisse constituer une participation.

La Cour de Bordeaux a jugé à tort, selon nous, dans
un arrêt du 14 mai 1844, qu'un service de transport par
bateaux à vapeur pouvait être exploité par une association en participation; si l'entreprise est unique, comme
dit l'arrêt, s'il s'agit d'opérations spéciales et déterminées, ces opérations uniformes ne sont pas distinctes et
isolées, elles constituent l'exercice d'une branche de
commerce et créent pour les parties une communauté
persistante d'intérêts.

Le commerce de bestiaux comporte aussi une série
d'opérations multiples, c'est à proprement parler un
commerce, il ne saurait, même en l'absence de toute

raison sociale et de publicité, être l'objet d'une participation. La Cour de Colmar l'a ainsi jugé par deux arrêts
du 25 février 1840 et du 18 janvier 1841.

Il est conforme à cette doctrine de décider, contrairement à l'opinion de M. Pardessus, n° 1046, qu'une association formée par deux individus pour fournir, chacun
de son côté et individuellement, les bestiaux nécessaires
à la nourriture d'une armée ou d'un établissement public,
et mettre en commun, après un certain temps déterminé,
les bénéfices réalisés, ne peut pas former une participation. En effet c'est l'espèce jugée par la Cour de Colmar, avec cette seule différence que l'acheteur est connu
d'avance et qu'on doit vendre à lui seul, mais il y a
même continuité dans les opérations de ce commerce.

Une société formée pour l'achat et la revente de biens-
fonds peut-elle constituer une association en participation? Avant de chercher une solution, il faut nous
poser la question de savoir si cette société est de sa nature civile ou commerciale. A notre avis, elle ne peut pas
être une société commerciale; les marchands de biens
ne sont pas commerçants, car dit l'art. 1 du Code de
commerce : sont commerçants ceux qui exercent des
actes de commerce et en font leur profession habituelle.
Or, acheter un immeuble pour le revendre n'est pas un
acte de commerce, et cette opération répétée un grand
nombre de fois ne devient pas davantage un acte commercial. Sans doute la pratique fréquente de ce trafic
particulier, et nos mœurs actuelles semblent donner sur
ce point un démenti à la loi; marchands de biens, commerce de biens-fonds, sont des expressions journellement

usitées, mais elles expriment une idée juridiquement fausse, et la loi ne justifie pas ces abus de langage.

La question s'est présentée jadis au sujet des sociétés formées pour l'acquisition et la revente des biens nationaux : il a été jugé que ces sociétés n'avaient pas pour objet une opération commerciale, parce que les immeubles, même les immeubles nationaux desquels on disait qu'ils avaient été rendus au commerce, n'étaient pas susceptibles d'un trafic proprement dit. Des arrêts de la Cour de Bourges du 4 décembre 1829 et de la Cour de Paris du 8 décembre 1830 l'ont ainsi jugé, et la Cour de Metz s'exprime ainsi dans un arrêt du 18 juin 1812 : « Attendu que les immeubles, susceptibles d'hypothèques, et dont la transmission ne peut avoir lieu que par des contrats qui se règlent dans les principes du droit civil, ne furent jamais susceptibles d'être classés dans la catégorie des marchandises, des objets mobiles et commerciables, lesquels dans les conventions que fait naître leur tradition, sont au contraire réglés d'après les principes du droit des gens, etc. »

Conformément à la jurisprudence et à l'opinion de la généralité des auteurs, nous pensons que la société dont il s'agit étant une société civile, ne saurait être l'objet d'une association en participation, puisque l'art. 48, C. comm. réserve cette qualification aux sociétés relatives à une ou plusieurs opérations de commerce. Par suite nous rejetons la doctrine admise par arrêt de la Cour de Colmar, en date du 21 mai 1813.

L'association formée par plusieurs individus dans les foires et marchés des grandes villes pour éviter de se faire concurrence, acheter individuellement, obtenir les marchandises à un prix peu élevé et les mettre ensuite en commun, était mentionné par Savary comme exemple de compte en participation. De même l'association des vendeurs pour ne livrer leurs articles qu'à un prix exagéré, forcer les acheteurs à accepter leurs conditions onéreuses et partager les bénéfices de cette manœuvre. Mais il ne faut pas que les négociants, par les moyens des associations en participation, abusent de leurs avantages pour empêcher toute concurrence sur les marchés et créer de véritables monopoles. Les art. 419 et 420 du Code civil répriment ces actes fraudu' ux : « Tous ceux qui... par réunion ou coalition entre les principaux détenteurs d'une même marchandise ou denrée, tendant à ne la pas vendre ou à ne la vendre qu'à un certain prix, ou qui par des voies ou moyens frauduleux quelconques, auront opéré la hausse ou la baisse du prix des denrées ou marchandises... au-dessus ou au-dessous du prix qu'aurait déterminé la concurrence naturelle et libre du commerce, seront punis d'un emprisonnement d'un mois au moins, d'un an au plus, et d'une amende de 500 à 10,000 francs. »

Il n'est même pas nécessaire que ces associations répondent exactement aux conditions du Code pénal, pour autoriser les juges à en prononcer d'après les art. 1131 et 1833 C. N. la nullité fondée sur une cause illicite. Autre chose est rencontrer dans un fait le caractère pénal d'un délit, autre chose reconnaître en lui certain cachet d'immoralité et d'irrégularité qui autorise à l'interdire civilement sans le réprimer pénalement ; c'est une question de fait abandonnée à l'appréciation des tribunaux qui statueront d'après les circonstances.

Au sujet d'une association formée par tous les marchands de faïence de la ville de Nevers sauf un, pour ne vendre leurs marchandises qu'à un prix convenu, un arrêt de la Cour de Bourges du 11 août 1826 s'exprime en ces termes : « Attendu que par cet arrangement ils ont mis les acquéreurs dans leur dépendance immédiate; qu'ils ont sensiblement nui à l'ordre public qui exige pour le commerce la plus entière liberté ; qu'ils ont écarté la concurrence, le seul moyen de mettre aux marchandises leur véritable prix. — Attendu qu'une obligation basée sur une cause illicite ne peut avoir aucun effet (art. 1131), que la cause est illicite quand elle est contraire aux bonnes mœurs ou à l'ordre public (art. 1133), d'où il suit que l'acte du 23 janvier 1818 ne peut subsister...» Le pourvoi contre cet arrêt fut rejeté par arrêt de la Chambre civile du 18 juin 1828.

La Cour de Bruxelles a décidé le 27 novembre 1830 qu'une société formée entre deux individus pour faire le commerce des vins pendant trois ans, à la condition que l'un d'eux fournirait les vins, que l'autre procurerait les magasins, signerait la vente et payerait les droits d'accises, constituait une association en participation parce que « elle est relative à une suite d'opérations particulières de commerce, à faire pour des vins, pendant un temps déterminé, avec les proportions d'intérêts et aux conditions stipulées. » Nous ne pensons pas que cette solution soit juste, et il nous est impossible de voir une participation dans une convention dont « l'objet consiste, dit l'arrêt lui-même, à acheter et à revendre des vins pour les bénéfices à provenir de ces opérations être partagés entre les parties. » On peut dans cette espèce, dire avec raison, que les contractants ont eu en vue une branche de commerce et non des opérations isolées, et cela ne peut pas être l'objet d'une association en participation.

La convention par laquelle plusieurs individus s'entendent pour faire à profits et pertes communs le commerce des charbons, peut-il prendre la forme d'une association en participation quand il est stipulé que chaque associé agira de son côté et comme s'il était seul intéressé, sauf à faire un compte final et un partage des bénéfices ? Non, quand bien même le commerce se serait fait sans raison sociale, car de ce qu'il n'y a pas société en nom collectif valable, il ne résulte pas qu'il doive y avoir association en participation ; et la Cour supérieure de Bruxelles a jugé à tort, le 30 novembre 1832, qu'en pareil cas la convention créait une vraie participation et que « la loi n'a pas exclu de ce genre d'association les opérations successives qui pourraient résulter d'un commerce déterminé. »

C'est une idée fausse ; au contraire, la loi ne permet pas qu'une participation ait pour objet un genre de commerce, des opérations imprévues et successives, variant avec les chances journalières, mais elle exige qu'elle s'occupe seulement d'affaires isolées, connues et prévues. Il est plus exact de dire avec la Cour de Grenoble dans un arrêt du 9 juillet 1831 : « Que l'association en participation ne peut être relative qu'à une ou plusieurs opérations déterminées... et non à une série d'opérations dont l'objet serait l'exercice d'une branche de commerce en général, qui en établissant entre les associés une communauté d'intérêt continue, constituerait une société en nom collectif. »

L'association formée pour la fabrication des espèces monnayées ne peut pas davantage devenir une participation, alors même qu'elle n'aurait ni raison sociale, ni aucun des autres caractères nécessaires à l'existence valable d'une société en nom collectif. La Cour de Poitiers a commis une erreur, en donnant dans un arrêt du 13 juillet 1837, le nom d'association en participation à une convention qui avait pour objet une entreprise de ce genre ; car encore dans cette hypothèse, nous sommes en présence d'une exploitation qui embrasse toute une industrie compliquée d'opérations multiples pour la fourniture des lingots, leur fonte, leur coulage, leur affinage et le débit des espèces fabriquées.

Il arrive souvent que l'inventeur d'un système nouveau, ou l'acquéreur d'un brevet d'invention, s'associe un tiers pour l'exploitation de ce brevet soit pendant toute sa durée, soit pendant un temps limité. La Cour de Poitiers, par arrêt du 11 mai 1825, rendu au sujet d'une pompe brevetée pour soutirer le vin, a décidé qu'une telle association pourrait être considérée comme une véritable participation : « Attendu, dit l'arrêt, que la société dont il s'agit n'ayant pour objet entre ouvriers qu'un acte passager, une convention qui s'applique à un objet unique, à une seule opération déterminée, ne peut être considérée que comme une société en participation qui n'est pas assujettie aux formalités prescrites par l'art. 42, C. comm. »

Les associations entre un auteur et un éditeur pour l'impression, la publication et la vente d'un ouvrage, sont aussi susceptibles de former des participations, au même titre que la société dont nous venons de parler pour l'exploitation d'un brevet d'invention.

IV

DIFFÉRENCES AVEC LA SOCIÉTÉ EN NOM COLLECTIF.

Il ne suffit pas pour créer une participation que la volonté des parties contractantes ait été de faire une association de ce genre, ni qu'elles aient en contractant déclaré ne pas vouloir adopter la forme de société en nom collectif, et répudié toute raison sociale. Pour déterminer à quelle espèce de société appartient une certaine convention, il faut considérer l'objet pour lequel elle a été faite, sans se préoccuper des clauses et stipulations insérées dans l'acte qui la constate. La Cour de Poitiers l'a ainsi décidé dans son arrêt du 11 mars 1825. Il faut dégager l'essence du contrat, et si le but de la société exige une combinaison d'opérations multiples, une série d'actes commerciaux ou l'exercice d'une industrie, la qualification de participation donnée par les parties à leur convention devient insignifiante, elle ne l'empêche pas d'être assujettie aux règles du contrat qu'elle a reproduit en réalité.

Si les parties ont voulu dissimuler l'existence d'une société en nom collectif en donnant à leur association le nom de participation, chaque associé pourra faire reconnaître en justice qu'au fond il s'agit d'une société en nom collectif ; et si les formalités exigées par la loi pour une semblable société n'ont pas été accomplies, chacun

pourra demander que la nullité soit prononcée immédia-
ment, sans attendre la fin et la liquidation de l'entreprise comme il devrait le faire au cas d'une participation
réelle. Ainsi la convention formée par plusieurs individus pour faire ensemble le commerce des bestiaux, sans
limiter la durée de l'association, sans adopter une raison
sociale, a été considérée par la Cour de Colmar le 15 février 1840, comme une véritable société en nom collectif, parce qu'elle a pour objet des opérations imprévues et successives.

Inversement, il se peut que des tiers croient devoir
donner à leur convention le caractère de société en nom
collectif, qu'ils adoptent une raison sociale, publient
leur acte de société, et contractent cependant en réalité
une simple association en participation. Car il faut pour
juger un contrat, examiner les faits, en étudier la nature
et ne pas s'en tenir à ce qui a pu être dit ou écrit. C'est
dans cet esprit que l'arrêt de la Cour de Poitiers a qua-
lifié participation la convention faite par des ouvriers
pour exploiter une pompe brevetée destinée à soutirer le
vin; en effet, l'objet de cette entreprise était un acte
passager, unique et bien déterminé. Le seul effet de la
publicité donnée à une convention de ce genre serait
peut-être, d'autoriser les tiers créanciers à poursuivre solidairement tous les participants, à moins que dans l'acte
une clause de non-solidarité ait été stipulée et également
publiée.

Il arrive souvent de confondre la société en nom collectif et l'association en participation, cela tient la plupart du temps à l'omission des formalités prescrites par

l'art. 48, C. com. pour la société en nom collectif. L'intérêt de la distinction est considérable à différents points de vue :

1° A l'égard des tiers ; s'il y a société en nom collectif, l'engagement d'un seul associé oblige solidairement tous les autres sur la totalité de leurs biens, — s'il y a simple participation, le créancier d'un participant peut actionner uniquement celui avec lequel il a traité, il n'a aucun droit contre les autres ;

2° Vis-à-vis des associés ; si leur convention est une société en nom collectif et qu'elle n'ait pas été publiée, elle est nulle, chacun des associés peut la faire cesser même rétroactivement, — tandis que si elle forme une participation, tous sont contraints, à peine de dommages-intérêts, de poursuivre l'exécution de l'entreprise commune pendant le temps convenu. De plus, tous les membres d'une société en nom collectif ont la qualité de commerçants, car ils se livrent habituellement à des actes de commerce ; en conséquence, ils jouissent de toutes les prérogatives attachées à cette qualité, en supportent toutes les charges et sont soumis à l'impôt de la patente (loi du 25 avril 1844, art. 1ᵉʳ et 16) ; — les participants, au contraire, peuvent ne pas être commerçants s'ils ne font qu'une opération isolée de commerce, ou s'ils ne prennent aucune part à l'entreprise sociale ;

3° Au point de vue de la preuve ; la société en nom collectif ne peut être prouvée que par écrit, si faible que soit l'intérêt engagé, ou par témoins lorsqu'il y a déjà un commencement de preuve par écrit—l'existence de la participation peut se démontrer par toute espèce de preuve ;

4° Enfin au point de vue de la dissolution : pour dissoudre valablement une société en nom collectif, il faut faire connaître aux tiers la dissolution, sans quoi elle ne leur serait pas opposable. — Dans la participation cette publication est inutile, la seule volonté des parties suffit pour mettre fin à leur association.

C'est d'après le but des associés, l'objet de leur contrat et le mode d'exécution, que l'on doit caractériser une société; s'il s'agit d'une affaire unique, ou de plusieurs opérations isolées et déterminées, si les faits nécessaires à leur accomplissement sont prévus et limités, si les conditions de l'art. 48, C. com. sont remplies, il y a participation.

L'art. 20, C. com. qui définit la société en nom collectif est le commentaire de l'art. 48, l'opposition qui existe entre eux indique le vrai caractère de l'association en participation. L'essence de la société en nom collectif est de faire le commerce, tout ce qui a pour objet une succession d'achats et de ventes, de plus elle a une raison sociale; au contraire, la participation est relative à une ou plusieurs opérations de commerce, elle n'est pas publiée, elle n'a pas d'existence pour les tiers et ne leur est pas opposable, elle peut n'être pas constatée par écrit, elle peut naître et finir le même jour, elle n'a pas d'individualité, elle ne constitue pas une personne morale, enfin elle est concentrée dans des rapports intérieurs d'associés.

C'est aux juges du fait qu'il appartient de décider si la convention qui leur est soumise, présente les caractères essentiels d'une participation, ou doit être régie par les règles édictées pour les autres sociétés commerciales.

Cependant, si un tribunal, faisant l'énumération des éléments principaux du contrat litigieux, reconnaissait
l'existence d'une association en participation ; si ces éléments étaient légalement constitutifs d'une autre espèce
de société ; si parmi eux on en pourrait signaler un seul
qui fût incompatible avec la participation, la Cour de
cassation devrait intervenir pour empêcher cette viola-
tion de la loi et cette confusion de deux contrats distincts.
Autrement, les tribunaux et les Cours d'appel pourraient
à leur guise qualifier les mêmes faits tantôt association
en participation, tantôt société en nom collectif ou en
commandite, et la Cour de cassation, chargée de maintenir l'uniformité du droit, serait impuissante à rectifier
ces contradictions.

Ainsi, la Cour de Paris, par arrêt du 19 février 1822,
considérait comme participation, l'association formée
pour exploiter pendant treize ans un établissement de
bains ; et la même Cour, le 29 janvier 1841, déclarait que l'exploitation d'un théâtre pendant un temps
limité n'était pas susceptible d'entrer dans une association en participation, et pouvait seulement être l'objet
d'une société en nom collectif ou en commandite.
Où donc est la différence qui distingue ces deux entreprises ? Ne peut-on pas dire également de l'une et
de l'autre qu'elles ont pour objet une opération spéciale,
déterminée, limitée dans sa durée, mais comportant
une succession d'actes commerciaux, d'engagements
imprévus et constituant une vraie branche de commerce ?
A ce compte, un arrêt pourrait déclarer qu'une association en participation est valablement contractée pour

faire le commerce des vins, des draps, des bois et des charbons pendant vingt ou cinquante années ! Où faudrait-il s'arrêter dans cette appréciation ?

Il est dangereux de laisser au juge le droit souverain de qualifier les faits après les avoir constatés, il ne faut pas abandonner la règle aux exigences de l'équité, car elle conseille mal toutes les fois qu'elle pousse à désobéir aux lois ; avec l'équité, on parvient à modifier tout contrat, à éluder toutes les prohibitions, à couvrir toutes les nullités, à excuser toutes les fraudes. L'association en participation est définie par la loi dans l'art. 48 complété par l'art. 20 C., com. Un arrêt de rejet de la chambre civile à la date du 8 janvier 1840 méconnaît cette vérité, mais il se contredit aussitôt car il avoue que « la loi énonce purement et simplement que ces associations sont relatives à une ou plusieurs opérations de commerce. » Puisque la loi a parlé, la Cour de cassation a le devoir de veiller à son maintien et le droit de contrôler l'appréciation des tribunaux, l'arrêt ou le jugement qui reconnaît l'existence d'un fait et le qualifie faussement, ne peut échapper à la censure de la Cour suprême.

V

CONSTITUTION DE L'ASSOCIATION.

D'après l'art. 48, C. com., la constitution des associations en participation est entièrement abandonnée à la libre volonté des parties contractantes, elles peuvent fixer à leur gré l'objet de leur société, la proportion d'intérêt qui incombera à chacune d'elles, enfin toutes les conditions de leur contrat.

La disposition de l'art. 48 est trop absolue, il ne faut pas la prendre à la lettre; sans doute la loi autorise les parties à modifier par leur convention ce qui est de la nature du contrat, mais elles doivent respecter ce qui est de son essence et ne peuvent y introduire des clauses contraires au principe même de la société. Cette règle est générale, elle s'applique à tous les contrats reconnus et définis par le droit civil ou commercial : dans une vente, il est bien permis au vendeur de stipuler qu'il ne sera tenu d'aucune garantie vis-à-vis de son acheteur, mais il faudra nécessairement qu'il y ait consentement des parties sur la chose et sur le prix, car autrement il n'y aurait pas vente. De même dans la société, les futurs associés peuvent librement écarter l'égalité que la loi voudrait établir entre eux, ils peuvent répartir inégalement

les profits et les pertes ; mais toute la latitude que laisse
à leur convention l'art. 48, ne les autoriserait pas à imposer à l'un de leurs co-contractants des conditions usu-
raires ou léonines, à le dispenser de faire aucun apport,
à s'associer pour une entreprise illicite ; car de toute
nécessité il faut une mise sociale, un intérêt commun,
l'espoir de bénéfices et un objet licite d'association.

Peut-on faire une association en participation avec un
tiers qui sans réaliser aucun apport effectif, s'engage à
supporter une certaine part des pertes éventuelles, sauf à
partager aussi les bénéfices s'il en existe ? La chance de
perdre constitue-t-elle un apport suffisant ? Un négociant
va tenter une opération considérable, il s'expose à une
ruine complète en cas d'insuccès, et pour éviter la possibilité de cette catastrophe, il fait à un tiers la proposition suivante : l'affaire promet d'être avantageuse, lui
dit-il, je vous cède un quart dans les bénéfices que j'es-
père, et pour cela je ne vous demande rien aujourd'hui ;
mais s'il y a des pertes, vous vous engagez à en supporter
la moitié. — Cette convention est certainement valable,
mais constitue-t-elle une association en participation ?

En agissant ainsi, le négociant qui va faire l'opération
commerciale s'est en réalité assuré contre les risques de
son entreprise ; le tiers est un assureur, la prime qu'on
lui paye consiste dans un droit aux bénéfices espérés, et la
convention dont il s'agit ne diffère qu'en la forme des assurances ordinaires. Nous avons dit, au début de ce travail,
que les assurances en général, l'assurance mutuelle ex-
ceptée, pouvaient être l'objet d'une société ; mais nous
parlions alors d'association entre les assureurs seuls, or

nous examinons ici les rapports de l'assureur et de l'assuré ; entre eux il n'y a pas de société possible, car l'assuré ne peut pas tirer un profit de son assurance; par elle il ne peut qu'éviter un dommage; les conditions de l'art. 1832, C. Nap., ne sont donc pas toutes remplies, car la convention n'est pas faite « dans la vue de partager un bénéfice. »

Le compte en participation est le plus souvent organisé de telle sorte qu'un seul participant agit; fait l'opération en son nom; s'oblige et s'expose seul aux poursuites des tiers; le droit des autres participants se borne à demander un compte final, et leur obligation consiste à payer ndéfiniment sur tous leurs biens le montant de leur part dans les dettes de l'association. Toutefois la convention des parties est libre, et les participants peuvent stipuler que dans le compte final ils seront obligés seulement jusqu'à concurrence d'une certaine somme. Cette extension des règles de la commandite à la participation est très-licite, l'art. 48, C. comm. l'autorise, et l'art. 1855, C. Nap. ne s'y oppose pas, car il interdit uniquement d'affranchir un associé de toute contribution aux pertes ; or dans cette hypothèse, il y a une chance de perte et chacun risque au moins une certaine mise sociale. De plus cette convention est très-facilement compatible avec les règles de la participation; en effet elle ne trompe pas les tiers puisque l'association est occulte, elle reste secrète entre des personnes libres de stipuler tout ce qui leur convient, à la condition de respecter les lois prohibitives et les éléments essentiels du contrat de société.

M. Molinier (1) parle d'une association collective en
participation dans laquelle tous les associés agissent simultanément et signent ensemble les engagements nécessaires à leur entreprise. Assurément les parties
peuvent convenir que telle sera la condition de leur
association, et qu'on s'aidera du crédit de tous les participants ; mais cela ne fait pas que le contrat doive être
assimilé à une société en nom collectif. Toutes les combinaisons sont permises aux futurs associés, les art. 48
et 50 laissent toute latitude à l'exercice de leur volonté ;
il n'est pas besoin de chercher à faire des rapproche-
ments entre leur convention et tel ou tel autre contrat, il
suffit de constater que la participation peut prendre des
formes variées.

L'opération qui fait l'objet d'une participation peut se
borner à un achat, des tiers peuvent adopter cette forme
d'association pour faire l'acquisition de certains meubles
déterminés, alors même que leur intention serait de se
les partager en nature. Toutefois des auteurs pensent que
pour être associés, il ne suffit pas d'acheter ensemble, et
qu'il faut en outre revendre à risques communs les choses
achetées ; autrement, disent-ils, il y aurait indivision
mais pas association, or il faut une communauté de profits et pertes.

Il ne nous semble pas nécessaire d'exiger tant que
cela ; l'intérêt commun consiste à acheter mieux et
meilleur marché en agissant ensemble que si l'on agis-

---

(1) *Traité du droit commercial*, n° 513 et la note.

sait seul. Pothier (contrat de société, n° 62) s'exprime ainsi : « C'est aussi une espèce de société anonyme qu'on appelle *momentanée*; lorsque des revendeurs qui se trouvent à une vente de meubles qui se fait à l'encan, pour ne pas surenchérir les uns sur les autres, conviennent d'être réciproquement de part de tous les achats que chacun d'eux fera à la vente; et qu'après la vente finie, ils mettront en une masse toutes les marchandises qu'ils y auront achetées chacun séparément, pour partager le tout entre eux. Cette société est permise, lorsqu'elle ne tend pas à avoir les marchandises au-dessous du juste prix, et qu'il se trouve à la vente un grand concours d'autres revendeurs que ces associés. »

Même dans l'opinion qui nie la possibilité d'une participation pour faire un simple achat, on admet qu'il peut y avoir association sans que l'opération commune s'achève avec des tiers. Plusieurs commerçants se sont associés pour mettre en commun ce que chacun d'eux pourra acheter d'une certaine marchandise dans une circonstance déterminée, et ils sont convenus de mettre ensuite leurs acquisitions aux enchères entre eux seuls, les tiers ne devant pas être admis à l'adjudication; le produit des enchères servira d'abord à rembourser les prix d'acquisition, le surplus sera partagé entre tous les associés. Il y a dans cette espèce des risques communs et une véritable association en participation.

La participation, quand elle prend la forme d'une société en commandite, c'est-à-dire que les participants font une certaine mise de fonds au delà de laquelle ils ne veulent pas être obligés, peut-elle prendre la forme de société par actions? Peut-on convenir que tels seront gérants, tels autres bailleurs de fonds, mais que leur mise sociale leur donnera droit à des actions cessibles et négociables comme le sont en général ces valeurs dans les sociétés en commandite par actions, ou dans les sociétés anonymes?

Cette forme est usitée surtout par les grandes compagnies, mais l'étendue d'une opération commerciale importe peu à la nature de la société dont elle devient l'objet, et l'on peut faire une participation même pour une entreprise qui a une gravité très-considérable. — Pour émettre avantageusement des actions et pour les négocier à un bon prix, il est nécessaire de donner à l'entreprise qui est cause de cette émission une certaine publicité; il est évident que si l'opération qui fait l'objet d'une participation reste secrète conformément à sa nature, les actions du participant bailleur de fonds ne trouveront pas d'acquéreurs; mais on peut, sans supposer que leur cession soit avantageuse, reconnaître qu'elle est possible alors même qu'on n'entourerait pas d'une grande publicité l'objet de l'entreprise.

Voici donc ce qui a lieu : un négociant propose à un capitaliste de lui bailler des fonds pour envoyer un navire aux Indes, y vendre la cargaison, recharger avec une pacotille étrangère et la revendre en France ; le capitaliste consent à donner 100,000 fr. à la condition qu'en aucun cas il ne sera obligé au delà de sa mise, que le versement de ses fonds sera constaté par des actions cessibles et négociables. L'association est ignorée du public, le navire est déjà en route, quand le bailleur de fonds voulant spéculer

sur ses actions, donne une certaine publicité à la société
dont il est membre, vante l'opération partout où il rencontre d'autres capitalistes, et se fait demander la cession de ses droits dans la participation. Il cède alors ses
actions à un prix quelconque, et quand le navire est de
retour, quand l'entreprise est achevée, son cessionnaire
demande des comptes au gérant de l'association. Celui-
ci pourra-t-il s'y refuser et objecter que la cession est
nulle, qu'elle est incompatible avec la participation?

Le Code de commerce s'occupe des actions seulement
au sujet des sociétés anonymes et en commandite, mais
il ne les interdit pas pour les autres sociétés, car en réalité c'est simplement un moyen facile de céder l'intérêt
d'un associé; or les art. 1861 et 1868, C. Nap., permet-
tent d'une façon générale de convenir que les parts d'associés seront cessibles. La forme des actions est compatible
avec l'absence de publicité, car les formalités exigées
par les art. 42 et 45, C. comm., pour les sociétés anonymes et en commandite, ont pour motif unique les
rapports de la société, envisagée comme personne morale, avec les tiers. Il nous semble donc parfaitement
licite d'employer les actions dans une société qui, d'autre
part, réunit tous les caractères d'une association en participation.

Si lors de la convention intervenue entre le gérant et
le bailleur de fonds, il n'a pas été expressément dit que
les parts de ce dernier seraient cessibles, il faut pour
statuer sur la validité de leur cession rechercher l'intention des parties. Le gérant qui a pris l'initiative de
l'opération a-t-il désiré seulement obtenir des capitaux,

quelque fût le prêteur? le bailleur de fonds pourra céder ses droits à la participation. Au contraire, si le gérant a attaché de l'importance à la considération de la personne qui lui prêtait de l'argent, l'intérêt ne sera pas cessible. Enfin dans le doute sur la volonté présumée des parties, il ne faudra pas valider cette cession, car il n'est pas indifférent au gérant de rendre ses comptes à tel ou tel; la bonne foi de celui dont il a accepté les fonds ne se rencontrerait peut-être pas dans son cessionnaire; le gérant pourrait donc refuser ses comptes à tout autre que le bailleur de fonds originaire, et celui-ci devrait s'arranger en sous-main avec son cessionnaire.

La part d'intérêt dans une association en participation pourrait aussi être représentée par des titres au porteur, les raisons que nous venons de donner s'y appliquent exactement, c'est seulement un mode de transmission encore plus facile que celui des titres à ordre ou des actions nominatives.

VI

PREUVE DE LA PARTICIPATION.

Savary, dans son *Parfait Négociant*, dit en parlant des associations en participation : « Il y en a qui sont verbales, d'autres par écrit, et la plupart se font par lettres missives que les marchands s'écrivent respectivement l'un à l'autre. » Admettre qu'elles pouvaient se former ainsi, c'était reconnaître l'admissibilité de tous les modes de preuves pour démontrer leur existence. En effet sous l'ordonnance de 1673, la jurisprudence avait permis aux tiers de prouver la participation par témoins et même par simple correspondance (arrêt du tribunal de cassation, 28 germinal an XII).

Quant aux associés, on exigeait d'eux dans l'ancien droit un commencement de preuve par écrit pour leur permettre la preuve testimoniale; plus tard ils en furent dispensés, car l'ordonnance de 1673 était muette à cet égard. A ce point de vue, le Code de commerce a fait une condition égale aux tiers et aux participants; Cambacérès disait au Conseil d'État dans la séance du 15 janvier 1807 : « L'art. 44 (du projet, il correspond à l'art. 49 du Code) paraît bien rédigé. Il ne borne pas l'effet de sa disposition aux associés, il ne l'étend pas aux tiers; mais il laisse aux juges, relativement aux preuves, une latitude qui leur permet de se déterminer d'après les circonstances. »

Cette liberté accordée aux juges était, en matière de sociétés, un fait exceptionnel; l'art. 1834, C. Nap. exigeait que toutes sociétés fussent rédigées « par écrit lorsque leur objet est d'une valeur de plus de 150 francs. » Les art. 39 et 40, C. comm., tout récemment étudiés dans le projet, étaient plus rigoureux encore et voulaient que dans tous les cas la société anonyme, en nom collectif ou en commandite, fût constatée par écrit; l'association en participation se trouvait donc seule dispensée de cette formalité.

Aussi, dans la même séance du Conseil d'État, M. Treilhard proposa-t-il un amendement pour rendre un peu plus difficile la preuve d'une participation. « On ne doit pas, dit-il, laisser le tribunal libre d'admettre la preuve par témoins quand il lui plaît; qu'on exige du moins un commencement quelconque de preuve par écrit, ne dût-on le tirer que de simples lettres missives; telle était la disposition de l'ordonnance de 1673. » Mais Regnaud de Saint-Jean d'Angély répondait à cela « que les sociétés en participation ne se forment pas toujours entre des négociants qui aient des livres, ni par correspondance. Dans les foires par exemple, dans les marchés des grandes villes, la convention est verbale. Des marchands de chevaux, de bestiaux, de comestibles, etc., conviennent d'acheter en commun, et rien n'est écrit. Il est donc indispensable de permettre aux contractants de prouver le marché par témoins. Au surplus, les tribunaux seront sans doute très-réservés à admettre ce genre de preuve, quand il ne sera pas appuyé d'un commencement de preuve par écrit. »

L'amendement Treilhard ne fut pas pris en considération, et le projet devenu l'art. 49, C. comm., déclare que « les associations en participation peuvent être constatées par la représentation des livres, de la correspondance, ou par la preuve testimoniale, si le tribunal juge qu'elle peut être admise. » Cela signifie que toute preuve quelconque est admissible, et que le juge peut fonder sa conviction même sur de simples présomptions. Toutefois le tribunal est arbitre souverain de la pertinence et de l'admissibilité des faits qui lui sont proposés comme preuve, il n'est pas forcé d'accueillir la preuve testimoniale, il doit au contraire s'en défier suivant le conseil de Regnaud de Saint-Jean d'Angély, et rechercher d'abord si elle est vraisemblable, comme l'a fait la Cour supérieure de Liége dans un arrêt du 3 juin 1823 ainsi conçu : « Attendu que la société dont le demandeur veut entreprendre la preuve aurait eu pour objet un marché d'une valeur tellement considérable, qu'il n'y a nulle vraisemblance que les parties s'en fussent tenues à une convention purement verbale, etc. »

Le même genre de preuves pourrait servir à constater des modifications apportées à la convention originaire, à moins que celle-ci eût été rédigée par écrit, auquel cas il faudrait un autre écrit pour prouver les changements, car, dit l'art. 1341, C. Nap. « il n'est reçu aucune preuve par témoins contre et outre le contenu aux actes, ni sur ce qui serait allégué avoir été dit avant, lors ou depuis les actes, encore qu'il s'agisse d'une somme ou valeur moindre de 150 francs. »

On fera encore usage de toutes ces preuves pour démontrer la dissolution de l'association et les résultats de la liquidation ou de l'apurement des comptes. En pareil cas, bien que la société ait été primitivement constituée par écrit, les parties intéressées conservent cependant la faculté de démontrer sa dissolution d'une façon quelconque, car il s'agit alors de prouver non pas contre ni outre le contenu à l'acte d'organisation; mais de faire constater l'existence d'une convention nouvelle, différente de celle qui a eu pour objet la formation de la société.

D'ailleurs, les tribunaux sont entièrement maîtres de leur décision quant à l'appréciation des faits qui leur sont exposés, à eux de voir s'ils constituent une société ou un simple projet; la Chambre des requêtes l'a ainsi jugé dans un arrêt du 10 janvier 1831 : Attendu qu'il est reconnu par l'arrêt attaqué qu'il résulte de présomptions graves que la société avait été dissoute le...; que cet arrêt, étant fondé sur une appréciation d'actes et de faits, échappe à cet égard à la censure de la Cour...

L'interprétation de l'art. 49, C. comm., conduit à dire qu'on peut être l'associé d'un tiers que l'on n'a jamais connu, cela se présente dans l'espèce jugée par la Cour d'Aix, le 14 janvier 1835 : Des négociants de Marseille et de la Martinique s'étaient associés en participation pour la vente des sucres; les commerçants de Marseille étaient chargés de la vente en France, et recevaient de l'expéditeur l'indication de quelques intéressés auxquels ils devaient ouvrir un compte. La Cour a décidé que ces derniers, sans être connus des associés de Marseille et sans avoir jamais correspondu avec eux, étaient néanmoins leurs co-particpants.

En résumé, l'association commerciale en participation est un contrat consensuel; elle a lieu dans les formes et aux conditions convenues entre les participants (art. 48); elle peut être constatée par la présentation des livres, de la correspondance et même par témoins (art. 49); elle n'est assujettie à aucune formalité (article 50); tous les modes de preuves de l'art. 109, C. com. lui sont applicables.

VII

FONCTIONNEMENT DE L'ASSOCIATION.

Dans la participation comme dans toute autre espèce de société, les associés ont des droits et des devoirs les uns vis-à-vis des autres. Leurs obligations consistent à effectuer l'apport qu'ils ont promis, à se rendre respectivement compte des opérations qu'ils ont faites dans l'intérêt commun, à subir la responsabilité des dommages qu'ils ont causés à l'association par leur faute ou même par leur simple négligence, enfin à supporter les pertes dans la proportion légale ou convenue.

Les participants ne peuvent pas disposer des choses qui constituent leur mise sociale ; ils s'en dessaisissent, ils cessent d'en être propriétaires, et, s'il s'agit de meubles, ils en confèrent la possession au gérant de l'association. Au contraire, s'ils conservent la possession de leur apport, comme rien alors ne constate qu'il ait cessé de leur appartenir, ils peuvent l'engager de nouveau à un tiers autre que leur co-participant, et l'aliéner entièrement.

La Cour d'Aix, par arrêt du 14 juillet 1823, a décidé que cette aliénation ne serait pas valable, « qu'il serait évidemment impossible que les sociétés en participation autorisées par la loi pussent subsister, si chaque membre de ces associations pouvait, au mépris de l'engagement qu'il a déjà pris, grever d'hypothèque, c'est-à-dire aliéner, ce qu'il a déjà spécialement affecté à l'entreprise sociale. » Nous ne pensons pas qu'il faille admettre cette opinion ; l'association est secrète, les tiers n'en soupçonnent pas l'existence, pour eux le participant avec lequel ils contractent est seul propriétaire des choses qu'il détient ; reconnaître la possibilité d'un engagement occulte au profit des autres co-participants serait tendre un piége à la bonne foi des tiers. D'ailleurs, dans l'espèce, la Cour d'Aix a en réalité bien jugé, car la réclamation émanait d'un prêteur qui aurait dû connaître la participation, et la chambre civile de la Cour de cassation motive ainsi, le 19 juin 1826, son arrêt de rejet : « Attendu que l'arrêt ajoute, en appréciant les actes et les faits de la cause, que les moindres recherches que le prêteur à la grosse eût faites, l'auraient facilement et promptement conduit à la découverte de cette société...»

Il n'existe pas de co-propriété clandestine entre les membres de l'association ; chacun d'eux est aux yeux des tiers unique propriétaire de ce qu'il détient ; aussi avons-nous dit déjà que dans la faillite d'un co-participant, les autres n'avaient aucun droit de revendication contre la masse, mais pouvaient seulement demander un compte et figurer comme créanciers au passif de la faillite.

Les droits des associés en participation consistent à exiger de leurs co-associés un compte et une part dans les bénéfices. L'équité et la bonne foi doivent toujours guider les juges dans l'appréciation des rapports des co-participants entre eux.

Dans l'ancien droit, la jurisprudence italienne n'a ja-

mais assimilé le participant à un associé dans ses rapports avec les tiers. Qu'un des participants devienne
créancier d'un tiers au sujet d'une affaire sociale, lui
seul pourra poursuivre le recouvrement de sa créance :
Qu'un autre associé devienne débiteur d'un tiers en lui
achetant sans la payer une chose destinée à l'association ;
aucun de ses co-participants ne pourra être inquiété par
le créancier social, car il n'existe pas entre eux de
mandat et leur société demeure occulte. Casaregis exprimait ainsi cette idée : *participes neque ipsi agere pos-
sunt contra debitores societatis, neque conveniri valent a
creditoribus societatis.* Telle est aussi la disposition des
articles 357 du Code espagnol, 576 du Code portugais,
58 du Code hollandais et 59 du Code sarde.

Cette doctrine doit également être adoptée dans notre
droit français ; en effet, il n'existe pas de mandat réciproque entre les participants, chaque associé contracte
en son propre nom et, en apparence, pour son compte
personnel, aucun d'eux n'est censé avoir conféré à son
co-associé le droit et le pouvoir de l'engager indéfiniment envers les tiers.

Le gérant lui-même de la participation n'est pas le
mandataire de ses co-participants, par conséquent il ne
peut pas être révoqué par eux, l'affaire est sienne, il agit
en droit soi, dit Savary. Si donc les associés ont réalisé
des apports, aux yeux des tiers, le gérant en est seul
propriétaire et comme dit un arrêt de cassation du
19 mars 1838 : « la chose sociale relativement aux tiers
est légalement la propriété de l'associé administrateur. »
Si ce gérant devient insolvable, tous ses créanciers peu-

vent se faire payer sur la totalité des biens qu'il possède, sans aucun droit de préférence au profit des créanciers sociaux sur ses créanciers personnels, sans distinction entre ses biens propres et les biens de la société ; car ses associés n'en sont pas co-propriétaires, ils ont uniquement contre lui une action en reddition de comptes ; et si finalement on leur reconnaît un droit de créance, ils ne peuvent l'exercer qu'en concours avec tous les autres créanciers de leur débiteur.

Le titre de gérant signifie donc à l'égard des participants : l'homme qui administre les intérêts de l'association ; c'est le négociant du Havre ou de Marseille qui a acheté des arrivages de sucre ou de café pour les revendre de compte à demi avec d'autres négociants ; c'est le capitaine au long cours chargé de ramener des Indes une cargaison qui sera vendue en France à profits communs ; c'est le fermier de l'octroi d'une grande ville qui pour alléger le fardeau d'une telle entreprise, s'est associé des co-participants.

Ce que le gérant de l'association fait avec les tiers doit être respecté par ses associés toutes les fois qu'il agit sans fraude ; car il est maître des intérêts qui lui sont confiés, capable d'aliéner, d'hypothéquer ou d'échanger tous les objets qu'il détient, sans que personne puisse y faire obstacle. Il peut céder les créances qui ont une cause sociale, il peut endosser les billets souscrits à son profit, car il est le représentant d'une société qui n'a pas d'existence extérieure et apparente.

Mais si le billet a été souscrit collectivement au nom de tous les co-participants, le gérant de l'association aura-t-il le pouvoir de l'endosser valablement ? L'endossement fait par le gérant seul peut sembler insuffisant au banquier par lequel on voudrait le faire escompter, cependant il se peut aussi que cela soit considéré comme une cession suffisante, c'est une pure question de fait. Il est encore possible qu'au jour de l'échéance, le souscripteur de ce billet refuse de le payer à celui qui se présente comme cessionnaire de toute sa valeur bien qu'un seul des bénéficiaires primitifs l'ait endossé ; le souscripteur a le droit d'exiger une quittance plus complète et la signature de tous ceux dont le nom figure sur le billet. Dans ce cas, il faudra, pour obtenir un payement intégral, prouver que l'endosseur unique était le gérant de la participation et avait reçu plein pouvoir de ses co-associés.

Mais jamais les participants ne seront admis à soutenir que la cession ainsi faite n'est pas valable à leur égard, et qu'ils ont conservé leur part dans la créance représentée par le billet ; leurs créanciers eux-mêmes n'y pourront rien prétendre, car les ayants-cause n'ont pas plus de droits que leur auteur. Et en effet, entre les participants il existe une société occulte, ils se connaissent et ne peuvent pas démentir le mandat qu'ils ont donné à l'un d'entre eux en lui confiant les pouvoirs de gérant. Sans doute l'associé qui a fait l'endossement devra leur rendre compte de la valeur escomptée, et s'il en a fait usage pour acquitter une dette personnelle, s'il l'a détournée de sa destination sociale, ses co-participants auront un recours contre lui. Mais les tiers seront à l'abri de cette vexation bien qu'ils se soient contentés d'une signature sur l'endos ; le souscripteur seul du billet pourra soulever une difficulté de fait et exiger avant tout payement la preuve de la participation ; quant aux autres bénéficiaires associés, ils ne pourront en droit rien objecter à la validité d'une telle cession.

En vertu des mêmes principes, un jugement rendu contre le gérant de la participation sera opposable à tous ses co-participants, car à l'égard des tiers, il représente seul les intérêts sociaux. Les associés ne pourront donc pas former contre ce jugement une tierce opposition, puisqu'ils y ont été représentés et que, d'après l'article 474 C. proc. civ., « une partie peut former tierce opposition à un jugement qui préjudicie à ses droits, et lors duquel, ni elle ni ceux qu'elle représente n'ont été appelés. » Ils ne pourront pas davantage intervenir dans l'appel formé contre ce jugement, cela leur est interdit par l'art. 466 du même Code ainsi conçu : « Aucune intervention ne sera reçue, si ce n'est de la part de ceux qui auraient droit de former tierce opposition. » La Cour de Bordeaux a ainsi jugé dans un arrêt du 9 janvier 1826.

De toutes les solutions que nous indiquons, il faut toujours excepter le cas de dol ; nous supposons que les parties ont contracté de bonne foi ; mais s'il y a eu concert frauduleux entre le tiers et le gérant de l'association, le tiers créancier dont il s'agit, bien qu'il ait déjà triomphé en justice contre le gérant, serait valablement actionné par les autres participants, sans pouvoir exciper du premier jugement rendu en sa faveur.

En tous les cas, lorsque les pouvoirs du gérant n'auront pas été spécifiés et limités d'une manière expresse dans la convention, il faudra en déterminer l'étendue d'après l'intention probable des parties. Ainsi le gérant ne sera jamais réputé avoir tacitement reçu le droit d'aliéner à titre gratuit les objets qui font partie de l'association; toutefois s'il en fait une donation, elle sera valable, sauf pour lui l'obligation de rendre des comptes à la dissolution de l'association, et la responsabilité dont il sera passible pour cet abus de pouvoir et cet acte de mauvaise gestion.

Dès que l'opération qui faisait l'objet de la participation se trouve terminée, l'association est dissoute, et l'ancien gérant doit en accomplir la liquidation, sans disposer aucunement des choses qui sont désormais la co-propriété de tous les associés. Il a été ainsi décidé par arrêt de rejet de la Chambre des Requêtes en date du 17 avril 1838, dans une espèce célèbre. Une association en participation s'était formée pour entreprendre le transport aux Indes d'un navire chargé à Marseille, la vente de sa cargaison, l'achat de nouvelles marchandises, le retour à Marseille et la revente de cette seconde cargaison. Avant de rentrer à Marseille, le navire qui avait mouillé dans un port espagnol y fut confisqué et vendu par le gouvernement de ce pays. L'association se trouvait ainsi forcément dissoute. Longtemps après, le gouvernement espagnol accorda à la France une indemnité pour les confiscations illégales qu'il avait pratiquées, et l'ancien gérant de la participation en réclama une part pour lui et ses co-participants. Il céda ensuite la totalité de cette part éventuelle à un tiers; enfin quand cette part fut fixée, les autres associés attaquèrent la cession et prétendirent que l'ancien gérant n'avait pas pu disposer de leur droit, et céder leur part d'indemnité puisqu'il n'existait plus de société. Leur demande, rejetée d'abord par le Tribunal civil de la Seine, fut accueillie en appel par la Cour de Paris dans un arrêt du 25 juillet 1835, et le pourvoi contre cet arrêt fut rejeté. Les motifs donnés à l'appui de cette décision sont qu'après la dissolution de l'association, le gérant n'a plus aucun pouvoir sur la part des co-participants, car il n'y a plus d'opération commerciale à gérer, mais seulement une liquidation à suivre.

Nous pensons avec M. Delangle (*Des Sociétés commerciales*, n° 624) « que ces décisions méritent une approbation sans réserve. » Cependant, d'accord sur la solution avec la Cour de Paris et la Cour de Cassation, on pourrait douter que la convention originaire fût bien réellement une association en participation : acheter et embarquer une grande masse de marchandises, les vendre aux Indes, racheter une cargaison, la ramener et la revendre à Marseille; faire tous ces actes en commun pour en partager les profits ou les pertes, cela semble constituer une série d'opérations commerciales et ne pas permettre la qualification de participation. Néanmoins nous approuvons même cette interprétation donnée par les arrêts, car dans l'espèce il ne s'agit pas de se livrer ensemble à l'exploitation d'une branche de commerce, et si l'entreprise est vaste, si elle doit durer longtemps, si elle embrasse des faits multiples, il n'en est pas moins vrai qu'elle comprend des opérations isolées, distinctes et déterminées, et qu'elle répond fort bien à la définition donnée par la loi des associations commerciales en participation.

Nous avons, en thèse générale, nié l'existence d'un mandat réciproque et tacite entre les divers membres d'une participation, mais cela ne veut pas dire qu'il leur soit interdit de se donner un mandat exprès. Ainsi lorsqu'un négociant de Marseille, ou un armateur du Havre, s'associe un capitaine au long cours pour faire avec lui une opération commerciale de compte à demi, par exemple pour transporter et vendre à Smyrne ou aux Indes une certaine pacotille, deux choses sont possibles : ou bien le négociant qui fournit les marchandises est censé faire un apport qu'il réalise entre les mains de l'associé gérant ; alors le capitaine devient, à l'égard des tiers, unique propriétaire de cet apport dont le public ignore l'origine. Ou bien le négociant désire que son nom seul figure dans les conventions et les marchés à passer avec les tiers, que la pacotille soit vendue comme venant de sa maison, et pour ainsi dire par son commis ou son mandataire. Alors le capitaine demeure en réalité simple participant bien qu'il agisse personnellement, car il déclare aux acheteurs qu'il traite en qualité de mandataire et n'est pas le propriétaire des marchandises vendues.

En tous cas, les opérations que fera le vendeur seront valablement faites, mais s'il y a plusieurs co-participants, les comptes seront rendus à l'association au nom du mandant ; seul il sera responsable des malversations de son mandataire et des risques de toute nature, seul il pourra être poursuivi par les tiers auxquels il aura fait vendre des marchandises déloyales ou avariées.

Il semble que, malgré l'absence d'un mandat tacite entre les participants, ils doivent dans certaines circonstances être tous obligés par l'engagement d'un seul. Si par exemple le gérant de l'association fait un emprunt dans l'intérêt social, si l'obligation qu'il contracte profite à la participation, ne serait-il pas équitable que le tiers créancier pût, à défaut de son obligé personnel, poursuivre les associés qui se sont enrichis par l'engagement de leur gérant devenu insolvable?

Il est certain que dans une société proprement dite, tous les associés pourraient être valablement actionnés par les tiers à raison d'une obligation contractée par l'un d'eux en son nom personnel, et dont aurait profité la société. Tel est le principe de la gestion d'affaires, et la même solution s'appliquerait encore au cas où un individu étranger à la société se ferait volontairement son *negotiorum gestor*, et l'enrichirait par son engagement personnel. Mais en matière d'association en participation, cette règle devient inapplicable, car la société ne se révèle pas au public, elle n'existe pas à l'égard des tiers, et comme le dit M. Massé (*Droit commercial*, 3ᵉ vol., nᵒ 1985) : « Là où il n'y a pas de société, la société ne profite pas, et les participants qui ne représentent pas une personne morale, ne peuvent répondre des engagements dont répondrait cette personne morale si elle existait. »

Cette décision est aussi facile à justifier en équité qu'en droit. Supposons en effet qu'un associé achète des mar-

chandises pour le compte de la participation, qu'avant
de les payer il les expédie à son co-participant chargé
de les revendre, et qu'ensuite il tombe en faillite ; l'associé gérant achèvera d'abord l'opération sociale, puis
il traitera la masse de la faillite comme il aurait traité le
participant qu'elle représente ; il rendra des comptes au
syndic, lui livrera la part de profits à laquelle avait droit
son associé, et par conséquent il ne tirera de l'entreprise
commune qu'un bénéfice légitime et bien acquis, puisque
dans cette opération il courait la chance de perdre. On
ne peut donc pas prétendre qu'il se soit enrichi aux dépens des vendeurs non payés, et ceux-ci trouveront eux-
mêmes, dans l'actif de la faillite, la représentation des
bénéfices réalisés dans l'association pour le compte de
leur créancier.

VIII

LES PARTICIPANTS NE SONT PAS CO-PROPRIÉTAIRES DES OBJETS DE L'ASSOCIATION.

Les membres d'une participation ne sont véritablement associés que pour les résultats bons ou mauvais de l'entreprise commune ; il en résulte que le gérant de l'association acquiert pour lui seul les choses qu'il achète au nom des intérêts sociaux, car le public ignore qu'il ait des associés. Il en est ainsi, alors même que ce gérant a payé son prix d'achat avec l'argent qui constitue l'apport de ses coparticipants ; dans ce cas, il s'est servi en quelque sorte d'un prêt, mais la personne du bailleur de fonds n'est pas à considérer ; à l'égard des tiers, tout repose sur l'acquéreur et lui seul est devenu propriétaire. Un arrêt de la Cour de Paris, en date du 17 novembre 1848, a ainsi jugé que l'administrateur d'une participation est seul propriétaire des objets de l'association.

Telle était déjà la jurisprudence de l'ancien droit, ainsi que le rappelle la sentence arbitrale confirmée par cet arrêt : « D'après l'usage, la jurisprudence en vigueur sous l'ordonnance de 1673, la propriété absolue des objets mis en association en participation, résidait, comme dans l'espèce, dans la personne de l'associé administrateur, tenu de rendre compte à ses associés des profits et des pertes. »

Telle est encore la doctrine du Code de commerce ; nous n'hésitons même pas à affirmer que cette règle est essentielle à la participation, et que la convention des parties ne saurait y déroger. En effet, la liberté des conventions proclamée par l'art. 48, C. com., a pour limite l'intérêt des tiers ; il faut les mettre à l'abri de toutes les fraudes possibles. Or, si l'on convenait que tous les participants seront co-propriétaires des objets de l'association, les tiers resteraient dans l'ignorance de cette clause à cause du défaut de publicité ; ils considéreraient le gérant de la participation comme propriétaire unique de tout ce qu'il détient, ils lui accorderaient un crédit personnel, puis leur garantie leur échapperait par suite de la revendication des autres associés, leur gage serait anéanti, et leur bonne foi serait trompée par la convention occulte des participants.

Celui des associés qui agit pour le compte de la participation étant véritablement le maître de l'affaire, et le propriétaire des choses qu'il acquiert, s'il vient à tomber en faillite, ses co-participants n'ont contre la masse aucun droit de revendication sur les objets spécialement destinés à l'entreprise sociale. Si donc le co-participant, auquel un autre associé avait envoyé les marchandises de la société pour les vendre, est déclaré en faillite alors que moitié de ces marchandises sont encore en ses magasins, et que l'autre moitié, déjà vendue, n'a pas encore été payée, le co-participant non failli n'aura pas le droit de revendiquer les marchandises actuellement en magasin, ni de réclamer le prix de celles qui sont vendues ; car il a cessé d'en être propriétaire le jour où il s'en est dessaisi, et au regard des tiers, le participant failli en avait seul la propriété. L'autre participant aura uniquement le droit de demander au syndic de la faillite les comptes de l'association, et son admission au passif pour le montant des sommes dont finalement il sera reconnu créancier.

Si le participant qui achète une cargaison tire, pour la payer, des lettres de change sur son associé, et se charge lui-même de la revente, la faillite de son associé survenue avant cette vente n'autoriserait pas les créanciers du participant failli à réclamer la propriété de la moitié des marchandises acquises, le participant qui les a achetées en étant seul propriétaire aux yeux des tiers : tout ce que peuvent faire les créanciers du failli, c'est demander le compte de la participation. Encore faudra-t-il comprendre au passif de la faillite la valeur des traites tirées sur le participant failli, et échues depuis la cessation de ses payements; car l'associé gérant n'a pas agi comme mandataire de son coassocié, mais en son nom propre et pour lui-même, peu importe qu'il ait soldé son prix d'achat avec son propre argent ou avec celui qu'un étranger lui avait prêté dans ce but.

Si la faillite d'un participant survient pendant que les marchandises qui lui étaient expédiées par son associé sont encore en route, il faudra, comme s'il s'agissait d'un commerçant étranger à l'association, faire l'application de l'art. 576 C. com.; les marchandises expédiées au failli pourront être revendiquées, « tant que la tradition n'en aura point été effectuée dans ses magasins, ou dans ceux du commissionnaire chargé de les vendre pour le compte du failli. Néanmoins, la revendication ne sera pas recevable si, avant leur arrivée, les marchandises ont été vendues sans fraude, sur factures et connaissements ou lettres de voiture, signées par l'expéditeur. »

Si le bien acquis par le gérant de l'association pour le compte commun vient à périr en ses mains, faudra-t-il encore considérer le gérant comme propriétaire unique? Dire qu'il est responsable de la perte envers ses co-participants, et qu'il en devra subir seul toutes les conséquences? Ou bien, à la fin des opérations sociales, faudra-t-il répartir également entre tous les associés cette perte commune? Une perte survenue par cas fortuit n'engendre habituellement aucune obligation pour personne, et on lui applique simplement la règle *res perit domino*. Il semble, au contraire, que si la perte provient des risques inséparables de l'opération pour laquelle on s'est associé, elle doive être répartie entre tous les participants. Il en serait ainsi, dans le cas où un naufrage aurait englouti les marchandises achetées au compte de l'association et expédiées sous la conduite d'un capitaine co-participant.

Nous pensons que, dans toutes ces circonstances, il convient de donner la même solution, et de décider que la perte sera toujours supportée par l'association, qu'elle entrera dans le passif commun lors de la liquidation, à moins qu'elle ait été occasionnée par la faute personnelle d'un associé. En effet, si chaque participant est, à l'égard des tiers et dans leur intérêt, réputé propriétaire exclusif des choses qu'il détient, néanmoins il connaît les rapports qui l'unissent à ses co-participants, vis-à-vis d'eux cette fiction n'a pas d'effet, il s'attend à un compte final et à un partage avec eux, la société régit leurs relations ; ils ont voulu courir ensemble toutes les chances de l'entreprise, ils réclameraient une part dans les bénéfices nés des opérations sociales, leur obligation est de supporter aussi une part dans les pertes même fortuites qu'a subies leur gérant ou l'un quelconque d'entre eux dans l'administration des affaires communes.

Toutefois, une clause du contrat de société pourrait régler autrement les devoirs réciproques des participants, et décider que la perte fortuite demeurerait personnelle à celui entre les mains duquel elle se produirait. Straccha autorisait une telle stipulation : *Pactum quod unus ex sociis supponatur periculo rei, valet ;* l'art. 48 C. com. sanctionne aussi une semblable convention.

IX.

CAS DE SOLIDARITÉ ENTRE LES PARTICIPANTS.

Selon notre loi civile, il n'existe pas de solidarité tacite; dans le doute, les conventions s'interprètent contre celui qui a stipulé, et en faveur de celui qui a contracté l'obligation (art. 1162, C. Nap.); la solidarité ne se présume point, il faut qu'elle soit expressément stipulée (art. 1202, C. Nap.); et de ce que plusieurs débiteurs ont reconnu la même dette, il ne résulte pas qu'ils soient obligés chacun pour le tout. Mais en matière commerciale, la nécessité du crédit et la faveur dont il faut l'entourer, doivent servir de guide dans l'interprétation des conventions et faire admettre l'existence d'une solidarité tacite.

Straccha (Role de Gênes, décision 46°) dit que tels étaient l'usage commercial et la jurisprudence à Gênes : « *Hoc procedit potius ex consuetudine mercatoria quam de jure; usu enim, in civitate Genua et quidem notorie receptum est quod socii expendentes nomen simul tenentur contrahentibus in solidum...* » Cette même coutume s'était répandue en France dans l'ancien droit; elle avait été sanctionnée par l'ordonnance de 1673, qui déclarait, en l'art. 7 du titre IV, « que tous les associés seront obligés solidairement aux dettes de la société. » Puis vint notre Code civil, qui respecta les usages commerciaux (art. 1873), et en matière de sociétés civiles seulement écarta la solidarité. Son art. 1862 est ainsi conçu : « Dans les sociétés autres que celles de commerce, les associés ne sont pas tenus solidairement des dettes sociales, et l'un des associés ne peut obliger les autres si ceux-ci ne lui en ont conféré le pouvoir. »

Les rédacteurs du Code de commerce ont-ils voulu déroger à ces prescriptions par l'art. 22 qui proclame la solidarité de plein droit entre associés en nom collectif? ou par l'art. 28 qui l'édicte de même dans une hypothèse déterminée de la société en commandite? Non, nous ne le pensons pas : car, de ce qu'une disposition spéciale contient une application expresse du droit commun, il ne faut pas tirer la conclusion qu'elle modifie le principe admis; plutôt que de rappeler ici cet adage incertain *qui dicit de uno de altero negat,* il vaut mieux dire que l'application d'une règle à un cas spécial est uniquement la confirmation, la proclamation de l'existence de cette règle. Or la solidarité entre associés qui ont contracté une obligation collective, c'est la règle générale et le droit commun en matière commerciale. Si donc tous les participants ont simultanément signé un engagement commun, ils sont obligés solidairement et chacun pour le tout. Telle est la décision des arrêts de Paris 24 février 1812, cassation 18 novembre 1829, et Bordeaux 19 juillet 1830, 31 août 1831, 23 février 1836, et d'une jurisprudence presque constante.

Mais les participants doivent-ils encore être considérés comme obligés solidairement à l'occasion des engagements contractés par l'un d'eux pour le compte de l'association? Dans la discussion de ce sujet au conseil

d'État, à la séance du 15 janvier 1807, M. Janet, maître
des requêtes fit remarquer l'importance de la question ;
Merlin dit que comme procureur général, il avait fait
triompher devant la Cour de cassation la théorie de la
solidarité sur « l'opinion de Pothier qu'on invoquait en
lui opposant les lois romaines et le sentiment unanime
des auteurs français et étrangers. » Regnaud de Saint-
Jean d'Angély répondit à Merlin « que sa doctrine serait
subversive des principes. Le refus du recours contre les
associés en participation ne saurait tromper la foi publique, puisque le vendeur n'a connu que celui avec lequel
il a directement traité et n'a pas compté sur une autre
garantie. Il en serait autrement, sans doute, si on lui
avait annoncé qu'il aura en outre pour débiteurs des associés en participation : alors le recours contre ces associés ne pourrait lui être refusé. Mais ce n'est là qu'une
exception qui ne doit pas empêcher d'établir en principe que, hors cette circonstance particulière, le vendeur n'a pour garants que ceux auxquels il a directement
vendu. On ne peut se relâcher de ce principe, sans en-
traver les opérations de commerce et ôter au commerce
ses ressources. Les capitalistes, pour l'ordinaire, répu-
gnent aux embarras, et ne consentent à mettre leurs
fonds dans le commerce, que lorsqu'ils sont certains de
ne se trouver engagés dans aucune contestation avec des
tiers. S'ils pouvaient craindre d'être compromis par ceux
avec lesquels ils ont des rapports, et mis en cause, ils
feraient un autre emploi de leurs capitaux. — Ce n'est
pas au surplus par les lois romaines, qui n'établissent
que le droit civil, qu'on peut décider des questions de

commerce, surtout chez une nation tout autrement or-
ganisée et constituée que les Romains. »

Telle est la doctrine qui doit prévaloir, car la participation n'est pas un être moral, le tiers créancier ne connaît que son débiteur, les autres associés lui sont étrangers, le fait qu'ils agissent chacun de son côté dans l'intérêt social ne suffit pas à les obliger envers lui, cela ne
change pas la nature de sa créance et ne la rattache pas à
la chose commune. La forme de l'engagement est la mesure du droit des tiers, or il est individuel et non collectif.

La jurisprudence a consacré cette opinion par des arrêts nombreux, un arrêt de Poitiers du 13 juillet 1837 la
résume en ces termes : « Attendu qu'un associé en participation n'est pas tenu des dettes de son co-participant,
que cette obligation solidaire ne pourrait naître qu'autant que les associés se seraient obligés simultanément
ou expressément ; mais que hors de là, leurs obligations
personnelles, même pour le fait de la société, n'obli-
gent pas l'un vis-à-vis des créanciers de l'autre, et réciproquement. » La Cour de Paris a jugé en ce même sens
le 8 juillet 1819, le 22 novembre 1834, et la Cour de
cassation le 9 janvier 1821, le 7 mars 1827 et le 8 janvier 1840. Un arrêt de cassation du 26 mars 1817 semble contraire à cette jurisprudence, mais la Cour de
Paris dont l'arrêt était attaqué, avait statué exclusivement en fait.

Si les tiers créanciers d'un participant qui s'est obligé
seul, n'ont jamais contre les autres associés une action
directe, même *de in rem verso*, ils ont du moins contre
eux une action oblique, celle qu'a tout créancier contre

la personne qu'il sait être débitrice de son débiteur personnel. Ils peuvent prouver l'existence de la participation, démontrer que finalement et tous comptes faits, leur débiteur est créancier des autres participants, et agir contre ceux-ci par l'action indirecte de l'art. 1166, C. Nap. Ils ont même le droit, si le règlement final n'est das fait, d'y intervenir pour surveiller la reddition des comptes, et de faire des saisies-arrêts entre les mains des autres associés pour les sommes qu'ils doivent rembourser au participant débiteur.

Toutefois il sera très-rare qu'un tiers créancier de l'un des participants, puisse agir contre les autres au moyen de l'action oblique. En effet, si les tiers ont besoin de recourir à cette action, c'est que leur débiteur a cessé ses payements, qu'il est devenu insolvable, et alors on fait déclarer sa faillite (art. 437, C. com.). La faillite étant déclarée, les créanciers sont représentés par un syndic qui agit collectivement au nom de tous, et aucun d'eux ne peut individuellement exercer l'action de l'art. 1166.

Cela sera possible seulement dans des cas exceptionnels : si par exemple, le participant qui a traité avec le tiers créancier n'est pas commerçant, ce qui arrive si cet associé n'a pas l'habitude de faire des actes de commerce, en ce cas il ne peut pas être mis en faillite; cela pourra se présenter encore, bien que le débiteur soit commerçant, s'il est mort avant d'avoir cessé ses payements, ou alors même qu'il les aurait déjà cessés, si la faillite n'a pas été déclarée dans l'année de sa mort (art. 437, C. com.).

X

CAUSES DE DISSOLUTION.

Les sociétés, au jour de leur dissolution, sont aussitôt remplacées par une simple communauté qui, jusqu'au partage, tient encore réunis et confondus dans l'indivision tous les droits des divers associés. Les règles relatives à la dissolution des associations en participation ont peu de caractères spéciaux, nous allons les indiquer en insistant uniquement sur les circonstances où il convient de donner une décision propre aux seules participations.

La dissolution des sociétés se produit pour des causes multiples ; elle a lieu quelquefois de plein droit ; quelquefois elle est provoquée par l'un des associés au moyen d'une action judiciaire ; d'autres fois enfin il est nécessaire qu'elle soit convenue entre tous les associés. L'article 1865, C. Nap. résume les différentes causes de dissolution. La société finit de plein droit : 1° par l'arrivée du terme extinctif ou la réalisation de la condition résolutoire ; 2° par la consommation de l'entreprise sociale ; 3° par la perte du fonds commun, ; 4° par la faillite de la société elle-même. La mort, la faillite ou la déconfiture d'un associé ne suffisent pas toujours à dissoudre une société.

La dissolution peut être conventionnelle ; il faut alors

que tous les associés soient unanimes pour la vouloir, à moins que la convention originaire ait donné ce pouvoir à une simple majorité. En général, quand une société ordinaire prend fin de cette façon, il est indispensable de publier qu'elle a cessé d'exister par les mêmes procédés qu'on avait publié sa création et qu'indiquent les articles 42 et 45, C. com. Il est fait exception à cette exigence de la loi pour les associations en participation, l'art. 50, C. com. leur permet de naître et de s'éteindre sans aucune publicité. Il ne faut pas d'ailleurs assimiler à une dissolution, la convention par laquelle les parties se décident à diviser ou à déplacer la gestion des affaires sociales ; on peut en pareil cas faire un compte partiel, mais ce n'est pas le compte final, et la société continue d'exister avec de nouvelles conditions.

Enfin chacun des associés a le droit de dissoudre la société, par la seule puissance de sa volonté au moyen d'une renonciation ; mais cela n'est permis par l'article 1869, C. Nap. que dans les sociétés dont la durée est illimitée, « la dissolution des sociétés à terme ne peut être demandée par l'un des associés avant le terme convenu, dit l'art. 1871, C. Nap., qu'autant qu'il y en a de justes motifs... dont la légitimité et la gravité sont laissées à l'arbitrage des juges. » Il faut de plus que cette renonciation soit de bonne foi et faite en temps opportun.

Une société en nom collectif, en commandite ou anonyme peut être déclarée en faillite aussi bien que tout commerçant ; ces sociétés sont en effet des personnes morales commerçantes. Au contraire, l'association en

﹁ n'ayant aucune existence extérie﹍

﹍ersonne morale, ni débitrice personr﹍

﹍ante, n'est pas susceptible de tomber en

participants ne sont pas nécessairement de

﹍ants, nous l'avons dit déjà, alors même ﹍

﹍ion de l'association leur serait confiée, car l'habitude de faire des actes de commerce confère seule la qualité de commerçant. Cependant ils peuvent fort bien être commerçants, et cela se présente le plus souvent dans la pratique. La déconfiture d'un participant non commerçant, sa faillite s'il est commerçant, peuvent-elles être invoquées par les autres associés pour obtenir la dissolution de la participation?

En général, la faillite d'un associé peut être alléguée comme cause de dissolution quand le motif par lequel les parties se sont déterminées à contracter a consisté dans le crédit et les garanties de solvabilité qu'offrait primitivement l'associé devenu depuis insolvable. Il convient, selon nous, d'appliquer aux participations cette règle de droit commun en matière de sociétés.

Mais quels seront en pareil cas les droits des créanciers du participant failli? Ils pourront demander exactement ce qu'aurait pu exiger leur auteur; il faudra donc examiner la convention originaire, et rechercher si elle autorise chaque participant à demander la dissolution quand survient la faillite d'un associé. Dans le silence du contrat, il faudra se conformer à la règle générale que nous venons d'indiquer plus haut. Enfin si l'intention probable des parties a été que l'association persistât malgré cet événement, il faudra reconnaître

qu'un associé ne peut pas, par l'effet de sa seule renonciation, dissoudre une société formée pour une durée limitée, ainsi que sont faites la plupart des participations.

Les opérations sociales ne seront donc pas interrom-
pues, quand les biens de l'association et les choses
nécessaires à l'exécution de l'entreprise commune se
trouveront entre les mains d'un participant autre que le
failli.

Qu'arrivera-t-il, si c'est le failli lui-même qui détient les objets de la participation ? Ses créanciers diront
qu'il en est seul propriétaire et voudront se les attribuer,
car de même qu'ils n'auraient pas le droit de se faire
payer sur les biens détenus par un autre participant, de
même ils ont seuls le droit de se faire payer sur le prix
de ceux que détient leur débiteur. A cela les autres associés répondront : Vous auriez contre nous le droit de
demander le compte final de l'association, et de nous actionner pour tout ce qui serait dû à votre débiteur ; de
même nous avons le droit de prouver que telle convention est intervenue entre nous, que tels et tels objets
détenus par votre débiteur sont destinés à la participation, qu'ils doivent être compris dans notre compte final,
et que nous en prendrons notre part contre vous aussi
bien que nous l'aurions prise contre votre débiteur.
Toutefois ce ne sera pas à titre de propriétaires que nous
agirons, mais seulement comme créanciers de notre part
dans ces objets et en concours avec vous.

Savary exprimait ainsi la même opinion : « Si le négociant de Marseille envoyait les marchandises par lui achetées à celui de Paris (avec lequel il a fait une participation),

pour les vendre, il est certain qu'il ne pourrait avoir aucune action contre ceux à qui elles auraient été vendues,
sous prétexte qu'il participe en icelles, et les débiteurs
ne reconnaîtraient pour leur seul et unique créancier
que le négociant de Paris, en telle sorte que s'il venait
à faire faillite, et qu'il eût abandonné à ses créanciers
tous ses biens mobiliers et immobiliers, les sommes qu'il
devrait seraient partagées entre tous les créanciers au
sol la livre; et le négociant de Marseille entrerait dans
la faillite comme les autres, pour ce qui lui serait dû
par le négociant de Paris, tant pour son fonds capital
(qu'il avait promis comme mise sociale), que pour les
profits qui auraient été faits en la vente de la marchandise, suivant les comptes qui en seraient faits; c'est une
jurisprudence qui est en usage dans le commerce parmi
les négociants. Il faut en cela que l'associé anonyme,
c'est-à-dire inconnu, suive la bonne foi de celui auquel
la marchandise a été mise entre les mains pour en faire
la vente, et lui tenir ensuite compte de la part qu'il y a
tant en principal que profits; et si cela n'était ainsi, il
n'y aurait point de sûreté dans le commerce. » Il en est
exactement de même quand le failli n'a pas encore re-
vendu les marchandises sociales et quand elles se trouvent en ses magasins; la décision doit s'appliquer à
ce dernier cas, et les autres participants, non faillis, sont
créanciers d'un compte mais propriétaires de rien.

La mort d'un participant peut ne pas occasionner
toujours la dissolution de l'association; il faut, comme
au cas de faillite, rechercher quelle a été la volonté des
parties au jour du contrat. La considération des per-

sonnes a-t-elle été le véritable motif de leur convention, la mort de l'une d'elles rompt l'association. Au contraire les parties ont-elles considéré principalement le besoin d'argent, ont-elles donné aux parts d'associés la forme d'actions? La mort d'un bailleur de fonds ou d'un actionnaire n'interrompt pas l'accomplissement de l'entreprise sociale. Enfin si c'est le gérant de la participation qui vient à mourir, comme il est certain qu'à son égard la société s'est formée en vue de sa personne, son décès entraîne de plein droit la dissolution de l'association, à moins de stipulation contraire dans la convention originaire.

XI

LIQUIDATION.

En principe, une société subsiste encore après sa dissolution pendant toute la durée de sa liquidation; il y a nécessairement des comptes à arrêter, des recouvrements à opérer, et un passif à acquitter. Les liquidateurs peuvent être des associés ou des étrangers, en général ils sont dès l'origine désignés dans l'acte de société; on peut les nommer par l'acte de dissolution quand elle est conventionnelle; en ce cas il faut l'unanimité des associés, car il ne s'agit plus d'un acte de l'association. Dans la participation, toutes ces conventions peuvent être verbales et se prouver d'une façon quelconque; si les associés ne s'entendent pas à ce sujet, le Tribunal de commerce nomme des liquidateurs judiciaires.

Le liquidateur est investi d'une sorte de mandat, il est dépositaire de l'actif social, il doit faire un inventaire, il lui faudra rendre des comptes et il sera responsable de son administration. Il est autorisé à continuer et terminer les opérations commencées à l'époque de la dissolution. Il est chargé de déterminer ce que chaque associé doit à la société, et réciproquement ce que la société doit à ses divers membres. Il doit rechercher toutes les causes des dettes sociales, antérieures ou concomitantes à l'existence de la société, fondées sur la non-réalisation de l'apport promis, et sur les actes de mauvaise gestion. Enfin il acquitte au nom de la société, ce qu'elle doit pour rembourser les avances faites par un associé, pour l'indemniser des obligations personnelles qu'il a contractées dans l'intérêt social, et des dommages qu'a pu lui occasionner la gestion.

Au reste, entre les associés, la liquidation d'une participation est identique à celle des autres sociétés ; quant aux tiers, elle ne modifie pas les droits qu'ils ont pu acquérir contre les participants ; leur position envers leurs débiteurs reste la même : ils conservent pour obligés les associés avec lesquels ils ont traité personnellement ; ils acquièrent en outre une action indirecte contre les autres participants, pour les sommes dont leur débiteur se trouve créancier après l'apurement des comptes.

Quand le gérant ou le liquidateur d'une participation rend compte aux associés de son administration, il leur doit les pièces justificatives de ses comptes ; mais il n'est pas besoin qu'il produise des livres spécialement tenus pour les affaires de la société ; il suffit qu'il justifie par ses propres livres ou tous autres titres, qu'il a dans telles et telles circonstances agi pour l'intérêt commun.

Si l'association a été administrée par plusieurs gérants, seront-ils après la liquidation, débiteurs solidaires de ce qui doit revenir aux simples participants ? La solution de cette question doit varier selon les hypothèses : si tous ces gérants ont été choisis par les membres de l'association pour veiller aux intérêts communs, ils peuvent être assimilés aux gérants d'une commandite, car entre les parties contractantes il existe véritablement des rapports d'associés ; et par conséquent les gérants doivent être déclarés solidairement responsables des suites de leur gestion.

Mais si les participants ne se connaissent pas tous, comme cela se présente dans l'exemple cité par Savary d'un compte en participation ; si le négociant de Marseille propose l'association successivement à un commerçant de Paris, puis à un commerçant de Lyon, et s'il confie la direction de l'entreprise à ce dernier ; aux yeux de l'associé de Paris, le négociant de Marseille sera seul réputé gérant, il devra lui-même rendre les comptes et sera responsable de la mauvaise gestion ; le participant de Lyon sera considéré et traité comme un simple commis ou comme un croupier, *socius adscititius*, et l'associé de Paris n'aura contre lui qu'une action oblique pour exercer les droits de son propre débiteur.

Il existe donc un seul cas de solidarité entre les gérants, celui où ils sont tous connus des participants et choisis par eux, car en droit commercial, il y a présomption de solidarité entre les associés chargés de gérer ensemble les affaires sociales.

Si la participation comprend plusieurs opérations de commerce, comme le permet l'art. 48 C. Com., nous ne pensons pas qu'il soit nécessaire d'établir un compte spécial, une liquidation particulière à la suite de chaque opération et dès que l'une d'elles est terminée ; à notre avis, on peut valablement convenir qu'il sera fait un compte unique après l'achèvement de la dernière opération entreprise dans l'intérêt commun ; en effet les mêmes parties sont en cause, les tiers ne courent aucun danger et la liberté des conventions (art. 48, C. Com.) est de principe en notre matière.

Une difficulté s'est élevée sur la question de savoir si, lorsque la participation a été formée pour une opération commerciale qui doit s'effectuer en plusieurs années, les participants ont le droit d'exiger pendant la durée même de l'association, par exemple chaque année ou chaque semestre, une liquidation partielle de leur société? La Cour de Rouen dans un arrêt du 31 juillet 1845, confirme une sentence arbitrale qui reconnaît cette faculté aux participants. A la même époque, M. Philippe Dupin a combattu cette doctrine et affirmé la nécessité d'attendre la fin des opérations sociales pour faire un compte unique.

Il faut, selon nous, pour donner la solution de cette difficulté, rechercher exclusivement l'intention probable des parties. Si elles avaient expressément stipulé qu'il serait fait tous les six mois un compte partiel et un partage des profits et des pertes, personne ne contesterait la validité d'une telle convention. C'est donc leur volonté qu'il faut découvrir ou présumer.

Sans doute il est vrai qu'avant la fin de l'association, le compte de la participation ne peut pas être définitivement arrêté, et que chaque jour peut y apporter des changements. Cependant, si les opérations sociales doivent se répéter pendant un espace de temps considérable, il n'est pas probable que les associés aient voulu laisser incertaine pendant aussi longtemps leur situation respective. La doctrine absolue de M. Dupin mettrait à la charge du gérant de l'association toutes les pertes momentanées de l'entreprise, elle présenterait d'immenses inconvénients, et d'ailleurs elle n'est conforme ni aux usages des sociétés commerciales, ni aux intérêts de la participation.

Le liquidateur doit poursuivre le payement de toutes les créances exigibles de l'association; si un participant n'a pas réalisé l'apport en argent qu'il avait promis de faire, il en doit les intérêts, de plein droit et avant toute demande en justice, à partir du jour où il devait l'effectuer. La même obligation existe pour celui qui a converti à son usage personnel les sommes dont il devait disposer seulement pour les besoins de l'entreprise sociale. Il pourrait même subir à cette occasion une condamnation à de plus amples dommages-intérêts. Telles sont les règles générales en matière de sociétés (art. 1846, C. Nap.).

Au contraire, quand un participant a fait une certaine avance de fonds à l'association, on ne lui en doit pas les intérêts, à moins de conventions spéciales à ce sujet. Le principe est, en effet, que faute de stipulation, les intérêts ne courent que dans les cas limitativement déterminés par la loi; or, la loi qui les fait courir de plein droit contre l'associé débiteur de la société, ne dit pas qu'il en sera de même à son profit, et ce silence suffit à justifier notre décision. Il a été ainsi jugé par arrêt de la Cour de Poitiers, le 15 mai 1821.

XII.

PARTAGE.

Le partage des bénéfices et des pertes, ne peut naturellement avoir lieu qu'après la liquidation de la société. On peut, pour l'opérer, liciter les biens communs qui, à la dissolution de l'association, se trouvent appartenir par indivis à tous les associés. On peut aussi faire un partage en nature ; il faut alors appliquer les règles édictées par le Code civil pour les partages de successions, afin d'obtenir autant que possible l'égalité des lots ; chaque associé doit aux autres la garantie de leur lot. Enfin, les créanciers des participants ont le droit d'intervenir au partage pour veiller à sa régularité (art. 882, C. Nap.) ; car bien que la société ne soit pas révélée aux tiers, s'ils en connaissent l'existence, ils ont intérêt à empêcher toutes les fraudes possibles dans un partage.

Si la liquidation donne pour résultat final un certain chiffre de bénéfices nets, et si l'acte de société ne contient aucune clause relative au partage, la répartition doit se faire entre les participants d'après la règle générale de l'art. 1853, C. Nap., proportionnellement aux mises de chacun, l'apport en industrie étant considéré comme l'équivalent de l'apport en argent le plus faible. Mais les parties ont pu convenir que la distribution des bénéfices se ferait d'après une autre base ; à cet égard, leur volonté est souveraine, l'art. 48, C. com. leur donne une entière liberté. Cependant, elles doivent se conformer aux règles essentielles du contrat de société, et respecter les prescriptions de l'art. 1855, C. Nap.; il faut de toute nécessité que chacun des associés prenne part aux bénéfices, on n'aurait pas le droit de les attribuer en totalité à un seul d'entre eux.

Un des participants, dont l'apport a consisté dans une somme d'argent, peut valablement stipuler qu'il reprendra le montant intégral de sa mise avant tout partage, et que le compte des profits se fera seulement après ce prélèvement. C'est une convention « qui répond aux besoins et aux usages les plus ordinaires du commerce, et qui ne blesse aucun des principes de l'essence de la participation, » dit un jugement du tribunal de commerce de Rouen, confirmé par arrêt du 14 janvier 1844. Cette doctrine est conforme à l'art. 48, C. com.

Mais que décider en l'absence de toute convention? Cette clause de prélèvement devra-t-elle être sous-entendue, ou bien l'associé sera-t-il censé avoir renoncé à la propriété et à toute reprise ultérieure de son apport? C'est une question de fait, qu'il faut résoudre en recherchant la commune intention des associés. Si deux individus ont mis dans la même société des valeurs en argent, si le capital apporté par l'un est dix fois supérieur à celui de l'autre, et si malgré cette inégalité ils se sont réservé chacun une portion égale dans les bénéfices espérés, il est vraisemblable que l'associé dont la mise est la plus considérable, n'a entendu donner que la jouissance de son capital.

Si l'un des apports consiste en une industrie et l'autre

en un capital, à défaut de tout fait capable de révéler
l'intention des parties, nous pensons que le capitaliste
a voulu mettre en commun la pleine propriété de son
argent. Sans doute on peut soutenir qu'à la dissolution
de la société, l'industriel reprendra, pour en faire un
emploi quelconque, l'apport intégral dont il aura de cette
façon procuré seulement la jouissance à la société ; souvent même il aura, par l'expérience, amélioré ses talents.
Mais ce simple usage peut fort bien être considéré comme
l'équivalent de la pleine propriété d'une mise pécuniaire ; et dans la pratique la plus ordinaire, une société formée dans ces conditions devient véritablement
propriétaire des mises.

D'ailleurs, la société se dissout par la mort d'un associé : si le capitaliste meurt le premier, ses héritiers auraient droit de reprendre son apport intégral ; si c'est
l'industriel qui prédécède, quelle valeur ses héritiers de-
vront-ils prélever avant le partage ? Et si la liquidation
de la société donne néant à l'actif et néant au passif, en
réalité il faudrait dire alors, dans le système opposé, que
l'industriel devient débiteur envers son co-associé de la
moitié du capital mis en société. Cet apport, en effet,
était une chose de genre, il était aux risques de la société ; il a péri, par conséquent elle en est débitrice.
Dans ces différentes hypothèses, on créerait entre les associés une inégalité contraire à leur volonté probable ;
notre doctrine est conforme à l'esprit de la loi.

Si le compte final des opérations sociales révèle l'absence de tous bénéfices et un certain chiffre de dettes,
le gérant de l'association qui les a contractées, et qui

est seul débiteur à l'égard des tiers créanciers, a droit de recourir contre ses co-participants et d'en faire peser la charge sur eux dans la proportion convenue. Mais pourra-t-il exiger un remboursement complet, déduction faite de sa propre part, ou bien son action sera-t-elle limitée au montant des apports promis ?

Dans l'ancien droit, un doute s'était élevé sur cette question. En général, les jurisconsultes italiens déclaraient qu'un participant était tenu seulement jusqu'à concurrence de ce qu'il avait promis. *Particeps non tenetur*, dit Straccha, *nisi de pecuniis quas ipse posuit in societate, non autem personaliter in solidum cùm nihil gesserit.* Cæsaregis professait la même doctrine ; ces auteurs établissaient une grande analogie entre leur société anonyme et la société en commandite. Pothier donne une solution opposée ; en deux passages (*Contrat de société,* nº 63, 601 et 602), il déclare qu'à la différence du commanditaire, le participant ou associé inconnu est indéfiniment tenu des dettes sociales.

Dans l'état de notre législation, l'art. 48, C. com., doit seul guider notre recherche. Quelle a été la convention des parties ? Chaque participant s'est-il associé à l'entreprise commune pour une quote-part ? Le recours du gérant est illimité. Chacun ne s'est-il, au contraire, engagé que pour une certaine somme ? C'est jusqu'à concurrence du montant de cette somme que les poursuites seront autorisées. Cette convention est licite, les parties contractantes ont le droit de tout régler à leur guise, pourvu qu'elles respectent les exigences de l'art. 1855, C. Nap., en n'affranchissant pas de toute contribution aux pertes les apports des associés. « Dans un compte en participation, dit M. Molinier, n° 617, les simples participants sont tenus de relever indéfiniment des pertes, dans la proportion de leurs parts sociales, les associés qui ont agi et qui se sont personnellement engagés envers les tiers. Dans la participation en commandite, au contraire, les participants n'engagent que leurs capitaux, sont libérés de toute obligation lorsqu'ils les ont versés, et ne doivent supporter les pertes que jusqu'à épuisement de leurs apports. »

En l'absence de stipulation à ce sujet, la règle de l'article 1853, C. Nap., recevra son application, car elle constitue le droit commun, et comme rien dans la loi n'autorise à attribuer de plein droit aux participants le bénéfice accordé aux commanditaires, on présumera que chacun d'eux a entendu s'obliger indéfiniment pour la totalité des pertes éventuelles.

Si le participant dont l'obligation aux dettes a été restreinte à une certaine somme, a personnellement agi pour le compte de la société, perdra-t-il le bénéfice de sa convention pour devenir indéfiniment responsable, envers les gérants, de sa part dans les engagements contractés au nom de l'association? Faudra-t-il lui appliquer les art. 27 et 28 du Code de commerce?

Si ces articles étaient édictés uniquement dans l'intérêt des tiers, pour leur donner une garantie personnelle contre l'associé qui, simple commanditaire, agit sous la raison sociale et au nom de l'être moral, ils ne seraient pas applicables ici, car le participant en tous les cas n'a pu agir qu'en son nom personnel. Mais ces articles ont aussi pour but de protéger les associés eux-mêmes les uns contre les autres, ils garantissent les bailleurs de fonds contre la témérité de leurs co-commanditaires qui croiraient pouvoir faire des actes de gestion sans risquer jamais de perdre au delà de leur mise sociale. Or, à l'égard des participants, ce même intérêt existe; on doit éviter que l'un d'eux se sachant personnellement responsable dans la mesure de son apport seulement, fasse des objets de l'association un usage périlleux et hasarde des opérations dangereuses. Aussi nous pensons qu'en pareil cas un acte de gestion accompli par un participant l'obligerait indéfiniment à l'égard de ses co-participants.

Les pertes sociales doivent, comme nous l'avons dit plus haut, être supportées par les associés dans la mesure convenue ou proportionnellement aux mises. Tous comptes faits, s'il y a 15,000 francs de dettes et trois participants dont l'un est insolvable, chacun des deux autres, au lieu de 5,000 francs, devra en supporter 7,500 francs; ils auront d'ailleurs dans l'avenir le droit de recourir contre le troisième s'il revient à meilleure fortune.

Cette décision ne peut pas cependant être acceptée d'une manière absolue, elle n'est vraie que si tous les participants se connaissent et s'ils ont ainsi consenti à courir les chances d'insolvabilité éventuelle. Mais si un négociant, au moment d'entreprendre une opération commerciale, en propose une part d'abord à Primus qui accepte, puis, quelque temps plus tard, à d'autres participants qui ne connaissent pas Primus; alors il n'existe aucun lien entre Primus et ces derniers, ils ne sont pas responsables les uns des autres, et celui qui a eu l'initiative de l'entreprise commune supportera seul la perte occasionnée par l'insolvabilité d'un participant.

Si un associé prend un croupier, *socius adscititius*, et fait avec lui une association subsidiaire, il n'existera non plus aucune responsabilité ni aucune solidarité des associés principaux vis-à-vis des associés secondaires; il faudra faire à part un compte spécial avec les croupiers ou sous-croupiers, comme pour autant d'associations distinctes et isolées.

Dans une participation ainsi formée, devra-t-on considérer le croupier comme associé seulement pour les bonnes et mauvaises chances de l'opération même qui fait l'objet de la société principale, indépendamment de tout ce qui peut survenir de malheureux par suite des fautes du gérant et de l'insolvabilité d'un autre associé? Ou bien devra-t-on présumer qu'il a voulu partager pleinement la bonne ou mauvaise fortune de son associé, et se charger, pour sa part, même des conséquences funestes occasionnées par la conduite des autres associés principaux? Il est certain que sur ce point la volonté des parties est parfaitement libre; si elle est exprimée d'une façon quelconque, si leur intention est bien évidente, il faudra s'y conformer. Autrement nous pensons, contrairement à Merlin, qu'il faudra considérer le croupier comme mêlé à toutes les chances de celui qui l'a admis dans son association privée. Rien ne permet d'imaginer qu'il ait voulu se faire une condition différente de celle qui est imposée à son associé, l'égalité entre eux doit être présumée.

XIII

COMPÉTENCE POUR LES CONTESTATIONS

ENTRE PARTICIPANTS.

Les participants font un apport réciproque, ils ont droit à une part des bénéfices espérés, et doivent supporter proportionnellement la charge des dettes communes; leur association est d'une nature toute particulière, ainsi que nous l'avons expliqué au début de ce travail, mais elle renferme les éléments de la société. Aussi les contestations entre participants devaient-elles jadis être jugées par des arbitres, conformément à l'ancien art. 51, C. comm.

La loi des 17 et 23 juillet 1856 a aboli l'arbitrage forcé, et soumis les difficultés entre associés à la juridiction des tribunaux de commerce, au même titre que toutes les autres affaires commerciales. Reste à savoir devant quel tribunal devra être porté le litige soulevé par des participants : Ce sera toujours devant celui du domicile du participant défendeur, car il n'existe pas de siége social. Alors même que ce défendeur ne serait pas commerçant, le tribunal de commerce serait encore compétent; car il connaît, dit l'art. 631, C. comm. « des contestations entre associés, pour raison d'une société de commerce, et de celles relatives aux actes de commerce entre toutes personnes. »

POSITIONS.

DROIT ROMAIN.

I. La participation aux bénéfices n'est pas tellement essentielle à la société, qu'on ne puisse la subordonner à la réalisation d'une condition indépendante de la volonté des associés (page 16).

II. Les sociétés en droit romain ne devenaient personnes morales qu'en vertu d'une loi.

III. Quand plusieurs sociétés distinctes ont été formées entre les mêmes parties, les associés peuvent, à leur gré, faire résoudre toutes leurs difficultés par une seule action *pro socio*, ou par autant d'actions qu'il y a de sociétés (page 49).

IV. En l'absence de convention, le partage se fait par portions égales, malgré l'inégalité des apports (page 87).

V. On peut fixer aux associés des parts inégales, sans exiger que cette inégalité corresponde à celle des apports (page 84).

DROIT FRANÇAIS CIVIL ET COMMERCIAL.

I. L'association en participation ne peut jamais constituer une personne morale (page 107).

II. Dans une association en participation, on peut donner aux parts d'intérêt la forme d'actions cessibles et négociables (page 135).

III. La chance de supporter une partie des pertes si l'opération entreprise par un tiers ne réussit pas, n'est pas un apport capable de conférer à celui qui accepte cette chance, la qualité d'associé (page 132).

IV. En l'absence de convention à cet égard, l'associé qui a fait une mise en argent, est censé en avoir apporté la pleine propriété et pas seulement la jouissance (p. 177).

V. Les co-participants ne sont pas en général co-propriétaires des objets de l'association (page 155).

VI. Les co-participants sont obligés tous solidairement, pour un engagement qu'ils ont tous signé et pour l'obligation contractée par leur mandataire commun (page 153).

VII. Les art. 27 et 28 C. com. sont, en certains cas, applicables aux associations en participation (page 180).

VIII. Les sociétés civiles ne sont pas des personnes morales.

IX. La remise faite au failli concordataire par ses créanciers ne constitue pas une donation sujette à rapport.

DROIT PÉNAL.

I. La loi du 18 novembre 1814 relative à l'observation du dimanche et des jours fériés est abrogée.

II. La femme mariée ne peut être punie pour complicité d'adultère que sur la plainte de son mari.

ANCIEN DROIT.

I. Lorsqu'un fief était indivis entre des co-héritiers, le seigneur ne pouvait pas les obliger à présenter la foi tous ensemble et collectivement.

II. Dès qu'une vente était parfaite par le contrat, le retrait féodal ou lignager pouvait être exercé, même avant qu'aucune tradition eût été faite.

PROCÉDURE CIVILE.

I. Les dommages-intérêts judiciaires devraient légalement être compris dans les frais d'un procès.

II. Un jugement ne peut pas prononcer d'office la condamnation aux dépens.

DROIT DES GENS.

I. La femme étrangère peut réclamer sur les immeubles que son mari possède en France, l'hypothèque légale de l'art. 2221, quand la législation de son pays lui accorde cette garantie.

II. Les nations neutres ont le droit de continuer avec les parties belligérantes leur commerce maritime, sauf pour les objets qui constitueraient la contrebande de guerre, et sauf le cas où le commerce est interrompu par un blocus effectif.

Vu par le Président de la thèse,
L.-E. LABBÉ.

Vu par le Doyen,
G. COLMET-DAAGE.

Vu et permis d'imprimer,
Le Vice-Recteur de l'Académie de Paris,
A. MOURIER.

TABLE DES MATIÈRES.

Droit romain.

Droit français.

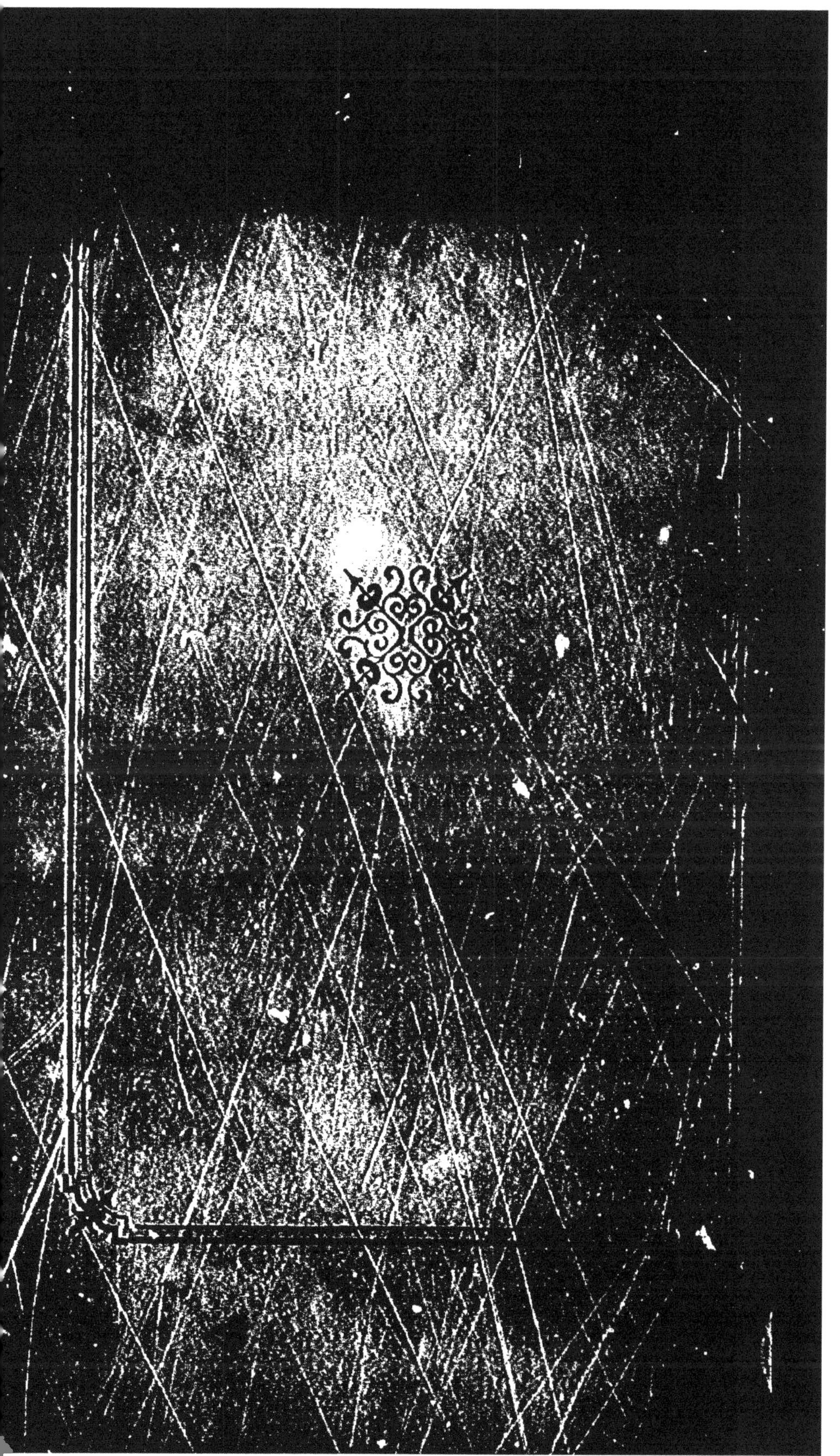

www.ingramcontent.com/pod-product-compliance
Ingram Content Group UK Ltd.
Pitfield, Milton Keynes, MK11 3LW, UK
UKHW020828120726
13693UKWH00002B/534